Hans von Petersson
Mit vollen Segeln um die Welt

Hans von Petersson

Mit vollen Segeln um die Welt

Die erste Reise eines Schiffsjungen

VEB Hinstorff Verlag Rostock

Meinem verehrten Lehrer
Herrn Dr. E. Gülzow
in Dankbarkeit gewidmet

ISBN 3-356-00276-7

2., überarbeitete und erweiterte Auflage 1989
Lizenz-Nr. 391/240/75/89
Printed in the German Democratic Republic
Schutzumschlag und Einband: Werner Schinko
Lichtsatz: INTERDRUCK Grafischer Großbetrieb
Leipzig - III/18/97
Druck: Messedruck Leipzig
Buchbinderische Weiterverarbeitung:
LVZ Druckerei »Hermann Duncker«, Leipzig
Bestell-Nr. 522 990 9

00850

Vom Soldaten- zum Seemannsberuf

Für die Bewohner und Besucher des Darßes ist es mitunter gar nicht mehr vorstellbar, daß die Halbinsel Darß-Zingst vor 1815 zum schwedischen Königreich gehörte und daß dort allgemein nur schwedisch gesprochen wurde. Sicher ist es für den aufgeschlossenen Leser von Interesse, zu erfahren, wie die damaligen historischen Ereignisse sich auch auf die einzelnen Familien ausgewirkt haben, beispielsweise auf die Familie des Autors, dessen Vorfahren Schweden waren. Diese Vorfahren wechselten vor langer Zeit vom Soldaten- zum Seemannsberuf über.

Nach einer Mitteilung des Provinzial Konservators von Marienburg ist am 02. Juni 1757 ein in russischen Diensten stehender Oberst Carl Petersson im Dom zu Marienburg beigesetzt worden. Sein Sohn Friedrich Gustav brachte es bis 1771 zum Premier Major der Garnison Danzig. Er trug seit 1774 den Adelstitel und war der Vater des Schillschen Mitkämpfers Friedrich Gustav von Petersson, der vorher als Offizier im schwedischen Dienst gestanden hatte. Dieser letzte schwedische Vorfahre, Friedrich Gustav von Petersson, wurde durch den tragischen Ausgang des Schillschen Freiheitskampfes in Stralsund laut Kriegsgerichtsurteil der französischen Besatzung am 04. 06. 1810 am Knieper Tor erschossen.

In einem Bericht des Leutnants Karl von Scriba (etwa 1825) heißt es:

»Ein anderer Vorfall auf einer solchen Kasemattenwache ist mir noch lange erinnerlich geblieben. Da die Luft im Wachzimmer feucht und dunstig war, so ließ ich an einem mondhellen schönen Abend eine Matratze in ein auf die Seite gelegtes Schilderhaus innerhalb des Zwingers tragen, um in demselben die Nacht zu schlafen. Etwa gegen elf Uhr rief eine feine Stimme außerhalb des Zwingers: ›Schildwache, welcher Offizier hat Wache?‹, und nachdem die Schildwache meinen Namen genannt hatte, bat jene wohlklingende Stimme sehr leise, dem Herrn Leutnant zu sagen, er möge einen Augenblick herauskommen, es wünschten ihn zwei Damen zu sprechen. Ich hatte den Vorgang gehört, und da ich ein lustiges Abenteuer vermutete, so wird man mich, den einundzwanzigjährigen fröhlichen Leutnant, wohl nicht zu strenge beurteilen, wenn ich versichere, daß ich rasch auf den Beinen und schnell außerhalb des Zwingers war. Anfangs sah ich niemanden und glaubte mich getäuscht; als ich aber weiter vorging, erblickte ich plötzlich zwei ganz in schwarz gekleidete Damen hinter einer halb demolierten Mauer hervortreten. Mit einer zitternden Stimme und doch mit gebietender Würde redete mich die ältere Dame an; sie wisse, daß viele mecklenburgische Offiziere sich der armen unglücklichen Schillianer erbarmten, sie bäte daher, eine kleine Gabe von ihr für jene Unglücklichen anzunehmen. Deutlich konnte ich Tränen in ihrem kummervollen Gesichte wahrnehmen; sie wollte noch etwas hinzufügen, schien aber zu bewegt und angegriffen und wurde von der viel jüngeren und, wie es mir schien, sehr hübschen Dame mit den Worten unterbrochen: ›Nicht weiter, beste Mutter; der Herr Leutnant tut uns schon den Gefallen‹, und damit zog sie einen schweren Korb hinter der Mauer hervor und übergab ihn mir. Ich leerte den Korb im Wachzimmer; er enthielt Hemden, Strümpfe, Tücher, Brot und gekochtes Fleisch, und als ich den leeren Korb zurückgab, überreichte mir die junge Dame ein Paketchen mit Geld und sagte: ›Ich weiß, Sie haben schon recht viel für die Unglücklichen getan, Sie werden die Verteilung gewiß gern übernehmen.‹ Die alte Dame drückte mir weinend die Hand, und beide entfernten sich schnell. Der Umstand, daß die Damen in tiefer Trauer waren, daß die ältere Dame ungewöhnlich ergriffen war, und daß die junge Dame eine Explikation so schnell abschnitt, erzeugte mir die Vermutung, daß jene Damen dem unglücklichen von Petersson angehörten, vielleicht die Witwe und die Tochter dieses wackeren Mannes, welcher – wie man sich aus meiner Erzählung erinnern wird – bei der Erstürmung der französischen Artillerie-Kaserne den Schillianern so große Dienste geleistet hatte und hierauf von Schill zum Kommandanten von Stralsund ernannt worden war. Er war als Artillerie-Leutnant vormals in schwedischen Diensten gewesen und mit einer Stralsunderin verheiratet, seit langer Zeit in dieser Stadt ansässig, wo man ihn allgemein sehr schätzte. Am 31. Mai kommandierte er in der von ihm angelegten Schanze am Knieper Tor und zwar an der gefährlichsten Stelle. Er wich erst, als alles verloren war, und flüchtete sich zu einem Bekannten, der ihm Schutz versprach. Aus feiger Furcht verriet ihn derselbe am folgenden Tage, und am 3. Juni wurde er vor ein Kriegsgericht gestellt und zum Tode verurteilt. Am 4. Juni wurde er in der Knieper Schanze, trotz zahlreicher Fürbitten vieler Stralsunder Einwohner, von den Holländern erschossen.« (aus: »Schill, Berichte des Augenzeugen Karl von Scriba«, Karlsruhe 1932)

Am Knieper Tor in Stralsund befindet sich ein Gedenkstein, der an den Opfertod meines Vorfahren erinnern soll. Die Inschrift lautet:

»Dem unvergeßlichen Andenken
an meinen Freund F. G. v. P.
gewidmet von E. v. S.«

Den Denkstein setzte sein Freund Ehrenfried von Storch aus Stralsund. Bei vollem Namen befürchtete der edle Spender Repressalien durch die Franzosen. Es mag sonderbar erscheinen, daß sich der Sohn des Schillkämpfers mit dem gleichen Vornamen Friedrich Gustav, im Jahre 1823 im Alter von 21 Jahren in Born auf dem Darß niederließ. Doch nach dem gewaltsamen Tode des Vaters verarmte die Familie in zunehmendem Maße. Und so war der Urgroßvater des Autors sicher froh, in Born in der Zichorienfabrik eine Stelle als Buchhalter gefunden zu haben. 1833 wurde er Forstsekretär in der hiesigen Oberförsterei, und nach weiteren 20 Jahren wählte man ihn zum Gemeindevorsteher. Allgemein beliebt und geachtet starb er 1879 in Born.

Sein am 07.12.1831 geborener Sohn Gustav Ferdinand war durch den Umgang mit den Darßern sehr bekannt geworden. Die Mentalität der dortigen Seeleute schien er besonders zu schätzen, und so entschloß er sich, Seemann zu werden, zumal er durch Kapitän Saatmann, seinem späteren Schwiegervater, bei der Ausbildung und beim weiteren Fortkommen Anregungen und Unterstützung erhielt. So wurde er recht bald Kapitän und konnte die Stralsunder Brigg CARL (200/300 NRT) als Mitbesitzer übernehmen. Den Neubau seines Hauses konnte er jedoch nicht mehr erleben. Beim Setzen der Richtkrone kam die schreckliche Nachricht, daß der Vater mit dem Schiff und der Besatzung verschollen sei.

Tiefe Trauer herrschte in allen betroffenen Seemannsfamilien. Aber die Gefahren auf See konnten, wie so viele, auch die jungen Männer der Peterssons nicht davon zurückhalten, zur See zu gehen. Da war einmal der unbändige Drang, die Weltmeere zu befahren, und andererseits mußte schließlich auch der Lebensunterhalt verdient werden.

Ebenso wie der Vater hielt auch der Autor an der Familientradition fest und wählte für sich den Seemannsberuf. Über die ersten Schritte in die Welt der Matrosen sollen die folgenden Seiten Auskunft geben.

Jugendjahre auf dem Darß

»Wir müssen fleißig arbeiten und sparsam leben«, das waren die ersten Hinweise, welche mein Leben bestimmten. Durch den Verlust des früh verstorbenen Vaters lagen alle Sorgen auf den Schultern der unermüdlich schaffenden Mutter. Auf der kleinen Ostseehalbinsel, dem Darß, gab es jedoch nur wenige Arbeitsmöglichkeiten, und so lag es nahe, den Lebensunterhalt durch das Betreiben einer kleinen Landwirtschaft zu sichern. Ich wurde oft mit aufs Feld genommen. Ein einfaches Spielzeug, eine Kartoffel oder eine Hühnerfeder, waren meine Unterhaltung, wenn ich dort auf einer ausgebreiteten Decke munter plappernd saß. Zur damaligen Zeit, es war nach der Jahrhundertwende, war das Leben der Dorfbewohner sehr hart und entbehrungsreich. Zum Glück herrschte unter den meisten Menschen ein ausgeprägtes Gemeinschaftsgefühl. Wenn in witterungs- oder krankheitsbedingten Zwangslagen Not aufkam, sprangen die Nachbarn gemeinsam und ohne zu zögern helfend ein. Einige der besser gestellten Einwohner gingen jedoch eigene Wege; sie fühlten sich nicht angesprochen oder verpflichtet, den nur von ihrer Arbeit kümmerlich lebenden Nachbarn zu helfen. Zu dieser Gruppe gehörten die Beamten, einige hochmütige und verknöcherte Kapitäne und Kaufleute. Letztere schreckten nicht davor zurück, die armen und sehr bescheidenen Dorfbewohner sogar noch zu übervorteilen. Nur das Streben nach Profit und Ansehen bestimmte ihr Denken und Handeln. Die Rentner, die Wald- und Strandarbeiter sowie die Fischer und Kleinbauern zählten in allen Darß-Dörfern zu den armen Bewohnern. Sie mußten in der damaligen Zeit unter schwersten Bedingungen so lange arbeiten, wie es ihr körperlicher Zustand zuließ. Die niedrigen Renten, sie betrugen 12 bis 20 Mark im Monat, reichten für den Lebensunterhalt nicht aus. Bis sieben Uhr in der Frühe hatten die Alten am Weststrand oder in dem ausgedehnten Waldgebiet auf ihrem Arbeitsplatz zu sein. Bei einer Arbeitszeit von zehn Stunden waren die geplagten Menschen durch den langen Hin- und Rückweg von etwa vier Stunden bei jedem Wetter täglich 14 Stunden unterwegs. Sie verließen bereits um fünf Uhr morgens ihr Haus und kehrten erst gegen 19 Uhr müde und abgearbeitet zurück. Fahrräder waren zu der Zeit Luxusgegenstände, und so mußten alle Wege zu Fuß gemacht werden. Im Winter gingen diese alten Wald- und Strandarbeiter mit einer kleinen Laterne, weil sie sonst im dunklen Forst die Wege nicht finden konnten. Für die draußen spielenden Kinder war dann der Zeitpunkt gekommen, nach Hause zu eilen, wenn die Männer mit Krückstock und Laterne, müde heimwärts strebend, das Dorf erreicht hatten. Die Wohnungen waren sehr primitiv eingerichtet. Außer dem Tisch, einem Kleiderschrank, einigen Stühlen und Betten gab es kaum Dinge, die einen gewissen Wohlstand erkennen ließen. Wegen der starken Überbelastung der älteren Familienmitglieder blieb es nicht aus, daß auch die Kinder frühzeitig zur Arbeit herangezogen wurden. Im Sommer liefen die Jungen und Mädchen bei jeder sich bietenden Gelegenheit in den Wald, Blaubeeren zu sammeln, um diese in den Dörfern zu verkaufen. Von dem Erlös konnte mancher stille Wunsch erfüllt werden, auf den man sonst hätte verzichten müssen. Wenn der Herbst und der Winter gekommen waren, gingen viele Leute in den Busch, um Holz für die Heizung zu besorgen. Alles mußte mit einer Karre oder mit dem Schlitten nach Hause transportiert werden. Für die Kultivierungs- und Erntearbeiten in den Gärten und auf den Feldern wurden ausschließlich Spaten und Hacke benutzt. Weil auch die Haustiere versorgt und behütet werden mußten, war also immer viel zu tun. Die tägliche Arbeit begann im Sommer um vier Uhr morgens mit dem Melken und Tränken der Kühe, die bereits gegen fünf Uhr auf die Weide getrieben werden mußten. Wenn die zum Sammeln der Kühe gegebenen Hornsignale der Hirten ertönten, mußten die Tiere »ausgangsfertig« sein. Gegen 12 Uhr mittags trieb der Hirt seine Kühe auf den Melkplatz, der ein bis zwei Kilometer vom Dorf entfernt war. Viele Frauen, sie leisteten hauptsächlich die schwere Landarbeit, mußten nun täglich in der Mittagshitze ihre Kühe melken und die vollen Eimer nach Hause schleppen. Die heutige Jugend kann sich eine solche Belastung vor der Mittagszeit sicher kaum noch vorstellen. Es ist verständlich, daß bei der Ernte jede Hand gebraucht wurde, und so gab es für die Schulkinder während der Sommerferien immer viel zu tun. Die Unbekümmertheit der jungen Menschen ließ aber keinen Mißmut aufkommen. Mit wenigen Ausnahmen waren wir alle während der Bergung der Wintervorräte mit Freude und Spaß dabei. Der tägliche Umgang und die Verbundenheit mit den einfachen Menschen meiner Heimat haben es bewirkt, daß ich mit zunehmendem Alter die Welt vom Standpunkt des arbeitenden Menschen betrachtete.

Einige Beispiele mögen die heute unvorstellbaren Arbeitsbedingungen dieser Generation deutlich machen.

Damals war es so gut wie unmöglich, im Ort Bretter zu kaufen. Nur die Tischler stellten solche Bretter für den eigenen Bedarf her. Dazu wurden die Baumstämme etwa zwei Meter hoch aufgebockt und der Länge nach im Vertikalschnitt mit einer langen Säge zerteilt. Zwei Männer verrichteten Tag für Tag diese mühsame Arbeit. Um Zeit zu sparen, brachten sie ihr Mittagessen in einem Korb gleich mit. Andere, meist Rentner, die zusätzlich Geld verdienen mußten, rodeten die Stubben der gefällten Bäume in schwerer Arbeit. Es handelte sich um mehr als achtzigjährige Bäume, deren Wurzelwerk mit Spaten, Säge und Axt und großem Kraftaufwand freizulegen war. Einen Teil des Holzes verwendeten die Alten für den eigenen Bedarf, den sie abends mit einer Schubkarre nach Hause brachten. Der Rest wurde von den Dorfbewohnern gern gekauft, weil er relativ preiswert war.

Gewisse Wesenszüge der Darßbewohner werden durch die folgenden beiden wahren Ereignisse erkennbar: Dorfschulze und Dorfvertreter waren sich nach dem ersten Weltkrieg einig geworden, für die Gefallenen Borner einen Gedenkstein aufzustellen. Bei der Festlegung des Standortes gab es jedoch langwierige Debatten, und so kam es, daß man sich nicht einigen konnte. Findige junge Leute fragten sich nun, auf welche Art man den verantwortlichen Dorfältesten, die sich um des

Kaisers Bart stritten, einen Denkzettel verpassen könnte. Die Jugendlichen haben nicht lange überlegt; sie fanden bald eine Lösung. Neben dem vor der alten Schule abgeladenen zwei bis drei Tonnen schweren Felsbrocken schaufelten sie in der Dunkelheit dicht am Stein eine große und tiefe Grube. Die Grasnarben waren vorher sorgsam beiseite gelegt; dieselben sollten später alle Spuren zudecken. Nun genügte ein kleiner Stoß, um den Findling spurlos verschwinden zu lassen. Nachdem die Grube zugeschüttet war und die Grasnarben wieder an Ort und Stelle lagen, setzte zum Glück noch Schneefall ein. Die Überraschung der Dorfgewaltigen war groß. Ein heimlicher Diebstahl schien ihnen wegen des großen Gewichtes ausgeschlossen. Sei standen vor einem Rätsel. Dennoch, langsam begriffen sie, und schnell wurde man sich einig. Der Stein wurde bald wieder freigelegt und bearbeitet. Er steht nunmehr in der Mitte des Ortes. Er soll Mahnung sein und dazu beitragen, daß die schrecklichen Kriege ganz aus dem Leben der Menschen verschwinden, daß immer nur Friede herrscht.

Bereits im vorigen Jahrhundert versuchten einige Leute im Dorf auf eigene, aber riskante Weise ihr schweres Leben zu erleichtern. Vor 1870 gab es zwischen Mecklenburg und Pommern (Preußen) eine ständig bewachte Zollgrenze. Einige Männer passierten mit kleinen Booten in den Nächten die quer durch den Saaler Bodden verlaufende Zollgrenze, um zollpflichtige Waren von einem Land ins andere zu bringen. Salz und besonders Genußmittel wie Kaffee und Sprit galten als die beliebtesten Schmuggelwaren. Der Kapitän Segebarth aus Wieck hat um 1900 darüber ein Buch mit dem Titel »De Darsser Smuggler« geschrieben. Auf der Halbinsel verlief diese Grenze kurz hinter Ahrenshoop. Bis 1950 waren die Grenzsteine zwischen Preußen und Mecklenburg noch vorhanden. Geschmuggelt wurde auch in der Notzeit nach dem ersten Weltkrieg. Die heute noch teilweise erhaltene Mühle im Westteil des Dorfes Born spielte dabei als »Schmuggler-Leitstelle« eine besondere Rolle. Es handelte sich nämlich darum, nach einer schlechten Ernte das benötigte Brotgetreide heranzuschaffen. Auf dem günstiger gelegenen Festland hatte man durch die bessere Bodenbeschaffenheit meistens gute Ernten, und es ergab sich die Möglichkeit, von dem dortigen Überfluß etwas zu erwerben. Das Getreide mußte aber heimlich – in der Dunkelheit – mit einem Boot herangeholt werden. Wenn sich nun das mit Korn beladene Boot nachts dem Darßer Südufer näherte, natürlich zu einer vorher vereinbarten Zeit, dann brannte im obersten Mühlenfenster eine Lampe, die nur von der Wasserseite aus zu sehen war. Befand sich das Licht nicht an der verabredeten Stelle, so wußten die Schmuggler, daß der Gendarm oder einige seiner Beauftragten auf der Lauer lagen. An diesem Geschehen nahmen wir Jungen als Ohrenzeugen eifrig Anteil, und diese Schilderungen ließen unser Leben abwechslungsreich und mitunter auch aufregend erscheinen.

Da mir die Arbeiten in der Landwirtschaft keine rechte Freude machten, wollte ich, wie meine Vorfahren, zur See gehen, dabei die Welt und möglichst viele Völker und Länder kennenlernen. Der zu erwartende Kampf mit den Naturgewalten und die sonstigen Entbehrungen konnten mich nicht davon abhalten. Die alten Fahrensleute und ihr interssanter Seemannsberuf standen bei den heranwachsenden Dorfjungen hoch im Kurs.

Wenn die schweren Herbst- und Winterstürme um die heimatliche Kate heulten und dabei die starken Dachverbände erschütterten, wurde es schon uns Kindern bewußt, wie sehr der häufig geäußerte Ausspruch »De armen Lüd up See«, die Not und die Gefahren der Seeleute bei schwerem Wetter zum Ausdruck brachten. Damals waren die Väter, Söhne und Brüder dieser Menschen überwiegend auf Segelschiffen unterwegs, die ohne die technischen Hilfsmittel der heutigen Zeit auskommen mußten.

Nichtsdestoweniger blieb der Drang zur See bei den meisten Jungen auch im zunehmenden Alter erhalten. Im Unterbewußtsein mag dann auch etwas männlicher Stolz vorhanden gewesen sein, denn für die Mädchen waren Seeleute noch immer ganz besondere Kerle, die sie ausnahmslos bevorzugten.

Ein Handwerk zu erlernen, wie so mancher meiner Alterskameraden, war mir zu eintönig. Schließlich spielten auch wirtschaftliche Überlegungen eine nicht zu unterschätzende Rolle. An Bord der Schiffe gab es freie Unterkunft und Verpflegung, während die Handwerkerlehrlinge noch einige Jahre von zu Hause unterstützt werden mußten.

Die hin und wieder bei den Familien weilenden Fahrensleute wurden oft mit Fragen über die seemännische Praxis überhäuft. »Sag einmal, Onkel Georg, wie ist es möglich, daß ein Schiff auch nachts und im dichten Nebel den richtigen Kurs einhalten kann?« Dies und viele andere Dinge waren wissenswert, wenn ich in der Dämmerstunde in der behaglichen Küche beim Leuchten des flackernden Herdfeuers vom Onkel auf den Schoß genommen wurde.

Dieser Onkel war noch ein Fahrensmann der alten Schule, der lange Zeit auf großen Seglern die Ozeane befahren hatte. Vor vielen Jahren konnte er zu seiner größten Freude als Kapitän einen Dampfer übernehmen. Er war ein großer, kräftiger Mann, dabei ehrlich und gerecht sowie in allen Dingen äußerst gewissenhaft. Wie die meisten Seeleute hielt er sich sehr zurück, ohne deswegen gar unfreundlich und einsilbig zu sein. Viele Menschen aus dem Binnenland werden es bestätigt finden, daß der Bewohner der Küste nicht viel Worte macht. Erst nach längerer Bekanntschaft geht er etwas aus sich heraus. Für mich als leicht zu begeisternden Jungen und Schwärmer für alles was mit der Seefahrt zusammenhing, war der Onkel Georg so etwas wie eine Leitfigur geworden und durch seine recht wohlwollende Art so etwas wie ein Prototyp dieser Berufsgruppe. Meinen früh verstorbenen Vater hatte ich leider kaum kennengelernt. Nicht zuletzt weckten auch die gelegentlichen Erzählungen des Onkels von der Seefahrt und vom Leben der Menschen draußen in der Welt das Interesse für den Seemannsberuf. Zwischendurch wollte ich allerdings auch mal Förster werden. An diesem Beruf reizte mich das Leben in der freien Natur. Aus wirtschaftlichen Gründen mußte ich mich jedoch für die Seefahrt entscheiden, was ich aber in meinem späteren Leben niemals bereut habe. Konnte ich doch viele Länder und Völker in der ganzen Welt kennenlernen und damit meinen Blick und das Verständnis für menschliche und soziale Belange erweitern.

Ein anderer Mensch von der Art meines Onkels Georg war unser Nachbar Karl Ebert, der früher bei meinem Vater als Matrose an Bord gewesen war. Karl Ebert war alt geworden und gesundheitlich nicht mehr tauglich für den Seemannsberuf. Als Rentner und Gelegenheitsarbeiter verbrachte er seine letzten Jahre auf der heimatlichen Halbinsel. Wenn er des öfteren, die Pfeife verkehrt im Mund, daß heißt mit dem Pfeifenkopf nach unten, vor seiner Gartenpforte stand und dabei die Mütze etwas ins Gesicht geschoben hatte, dann glaubte man einen wahren Bullenbeißer vor sich zu haben. Im Grunde genommen war er jedoch hilfsbereit und kameradschaftlich und von einem sehr harmlosen und friedlichen Gemüt. Es war geradezu rührend, wie er mir später vor dem Antritt meiner ersten Ausreise sein seemännisches Handwerkszeug und auch lebenswichtige Ratschläge mit auf den Weg gab.

Manche Rentner, meist waren es Seeleute und Fischer, besaßen ein kleines Boot, wegen des Plattbodens örtlich Polt genannt. Damit fuhren sie über den Bodden, um vom landseitigen Ufer Steine und Lehm sowie Schilfrohr und Seegras heranzuschaffen. Der Lehm, die Steine und das Schilfrohr wurden für den Bau der kleinen Katen benötigt, während das Seegras – plattdeutsch Türs genannt – zur Düngung des kargen Ackerbodens sehr gefragt war. Eine Bootsladung Türs kostete zu der Zeit rund drei Mark oder einen Taler, wie man damals sagte. Vor 1930 konnte jedermann Türs unentgeltlich für eigene Zwecke bergen. Der Preis von einem Taler war praktisch nur als Arbeitslohn und Abnutzungsgebühr für das Boot gedacht. Um diese Wasserpflanze zu erhalten, ist es seit 1946 verboten, sie zu bergen; ich bin sicher, eine durchaus umweltfreundliche und weise Entscheidung.

Das landseitige Ufer erstreckt sich von Neuendorf bis Saal, an der Südkante des Saaler Boddens. Im Eiszeitalter verlief hier die eigentliche Nordküste des Festlandes. Später gehörte das gesamte Gebiet dem Grundbesitzer des etwa 500 Hektar großen Gutes Neuendorf. Nach damaligem Recht konnte nur er über alles was im Bereich seines Gutes lag frei verfügen, also auch über das auf dem Darß fehlende Baumaterial an seinem Ufer. Es wurden Gebühren gefordert, die von seinem Beauftragten, dem Gutsinspektor, hartnäckig und unerbittlich eingetrieben wurden. Zwischen den armen Darßbewohnern und der Gutsherrschaft nebst Inspektor gab es keinerlei Kontakt; man stand sich sachlich nüchtern gegenüber.

Es war immer wieder ein Erlebnis, wenn ich mit dem alten Karl Ebert eine Fahrt zum weit entfernten Lehmufer des Festlandes machen durfte. Bei Sonnenaufgang, nachdem zuvor Proviant und Arbeitsgeräte gut verstaut waren, ging es los. Einige schreiende Möwen begleiteten das ruhig dahingleitende Boot. Ein frischer Wind blähte das kleine braune Segel in der hellen Morgensonne und versprach eine gute Fahrt. Nun, beim stundenlangen einsamen Segeln, konnte ich meiner Phantasie freien Lauf lassen. Wenn mir das Ruder übergeben wurde, um das kleine Fahrzeug zu steuern, war ich besonders glücklich, gab es doch nichts Schöneres, als bei dieser Tätigkeit von künftigen Seereisen und von fernen Ländern zu träumen. Unterbrochen wurden meine Tagträume immer wieder einmal durch konkrete und diesseitige Äußerungen des alten, ansonsten wortkargen Matrosen. Von seinen Erlebnissen während einer langen Seefahrtzeit wußte er interessante Begebenheiten zu erzählen. So hörte ich auch von dem tragischen Unfall und dem Untergang der Bark OPHELIA, die sich im November des Jahres 1886 auf einer Reise von Taltal (Chile) nach Europa befand. Der alte Ebert war als Matrose an Bord, und er erzählte folgende Einzelheiten: »Wir hatten Chile verlassen und Kap Hoorn, die gefährlichste Ecke unserer Reise, bei verhältnismäßig gutem Wetter umrundet. An einem pechdunklen Abend stand ich am Ruder, und kein Mensch an Bord war auf besondere oder gar gefährliche Überraschungen eingestellt. Bei leichtem westlichen Wind näherten wir uns mit mäßiger Fahrt und nördlichem Kurs so langsam wieder den mittleren und wärmeren Breiten. Einsam stand ich auf meinem Ruderposten und freute mich auf die weiterhin zu erwartende Wetterbesserung und auf die baldige Heimkehr. Mein Rudertörn war bald vorbei, in zehn Minuten konnte ich mit meiner Ablösung rechnen. Plötzlich sah ich an Backbord ein schwaches grünes Licht, darüber ragte ein dunkler Schatten steil nach oben. Vom Ausgucksmann war dieses Licht offenbar nicht bemerkt worden, denn er hatte nichts gemeldet, und so schlug ich Alarm ...« Auf jedem in Fahrt befindlichen Schiff gab es einen Ausguckposten. Auf Seglern stand der Ausguckposten wegen der Sichtbehinderung durch die Segel ganz vorn auf der Back, auf größeren Schiffen befand er sich im Mastkorb. Bemerkte der Ausgucksmann im vorderen Sichtbereich ein Feuer (Licht), so schlug er kurz die große Glocke an und meldete mit lauter Stimme seine Wahrnehmung nach achtern, zum Beispiel: »Feuer voraus!« oder »Feuer drei Strich an Backbord voraus!« Mancher Anfänger hat sich dabei schon blamiert, wenn er bei klarem Wetter den Aufgang der Mondsichel oder eines hellen Planeten gemeldet hatte. Es soll auch vorgekommen sein, daß mancher in einer klaren und milden Tropennacht eingeschlafen war und vom wachhabenden Offizier mit einer Pütz Wasser unsanft geweckt werden mußte. Aber lassen wir Karl Ebert weiterberichten: »... Die Sicht war also erheblich schlechter, als wir angenommen hatten. Bei dem kurzen Abstand zu dem querlaufenden Segler, um einen solchen handelte es sich nämlich, war es nicht mehr möglich, durch eine Hartruderlage den Kurs zu ändern. Untätig am Ruder stehend, hörte ich, wie meine Kameraden von der Wache auf dem Deck unseres Schiffes hin- und herrannten. Die ständig wechselnden Kommandorufe deuteten in dieser unklaren Situation auf ein chaotisches Durcheinander. Bald folgte nach einem fürchterlichen Krachen ein harter Stoß. Unser Schiff erzitterte in allen Verbänden. Über unseren Köpfen splitterte Holz: die Bramrahen von Vor- und Großmast stürzten nach unten. Dann schien alles vorbei zu sein. Ein starkes, gleichmäßiges und furchterregendes Rauschen unterbrach jedoch die plötzliche Stille. Es war das Seewasser, das brausend durch das Leck in unser

Schiff strömte. Es bestand nun kein Zweifel mehr: wir waren von einem anderen Segelschiff gerammt worden. In dieser kritischen Lage war ein schneller Entschluß notwendig. Notgedrungen verließ ich meinen Posten am Ruder und rannte mit fünf weiteren Bordkameraden nach vorn auf die Back. Das war unser Glück, denn nun konnten wir auf den anderen Segler überspringen. Die OPHELIA machte viel Wasser und legte sich nach kurzer Zeit auf die Seite. Alles mit sich in die Tiefe reißend, versank der Segler vor unseren Augen. Anfangs liefen wir auf dem fremden Deck ziellos umher. Bald bemerkten wir wie man dabei war, ein Boot zu Wasser zu bringen. Der Sprache nach waren wir auf einem französischen Schiff. Trotz der Sprachschwierigkeiten, griffen wir helfend zu. In der dunklen Nacht und bei dem mäßigen Seegang konnten wir gemeinsam nach langem Suchen einige Kameraden unserer Besatzung retten. Leider blieben zehn Mann für immer verschollen. Durch die schlechten Sichtverhältnisse war es zu dem tragischen Unfall gekommen. Es wurde jedoch alles getan, was nach menschlichem Ermessen möglich war, um zu retten, was noch zu retten war. Erst nach dem schrecklichen Unglück und nach dem Abklingen der ersten großen Aufregung wurde uns klar, daß wir von der französischen Bark FORTUNA gerammt und gerettet worden waren. Unter den ertrunkenen Seeleuten befand sich auch unser Segelmacher, der durch sein Wissen und seine Tüchtigkeit an Bord besonders beliebt war. Er hatte schon seit längerer Zeit unter dem Eindruck einer düsteren Vorahnung gestanden. Er war davon überzeugt, von dieser Reise nicht mehr lebend zurückzukehren. Leider hat seine innere Stimme recht behalten. Aber merke Dir, mein Junge«, so fuhr der alte Seemann fort, »Hilfsaktionen dieser Art sind für alle Seeleute eine selbstverständliche Pflicht. An Nationalitäten ist diese Solidarität nicht gebunden.«

Bei dem Plaudern über seemännische Probleme und Ereignisse hatten wir inzwischen unser Ziel erreicht. Das Boot wurde so weit wie möglich auf Land gezogen und festgemacht. Alsdann gingen wir beide daran, es mit Lehm zu beladen. Wir waren froh, daß uns der Gutsbesitzer beziehungsweise sein Inspektor nicht bemerkte, sonst hätten wir eine besondere Abgabegebühr zahlen müssen. Mit jeder Mark und mit jedem Pfennig mußte doch gerechnet werden. Abends wartete meine Mutter schon besorgt auf unsere Heimkehr. Die Rückfahrt mit dem tiefbeladenen Boot war bei starkem Wellengang nicht ungefährlich. Für mich waren diese gelegentlichen Bootsfahrten eine gute Vorbereitung auf den späteren Seemannsberuf. Das Segeln mit Booten dieser Art war für viele Dorfbewohner eine fast alltägliche Beschäftigung. Bei der Insellage konnten die meisten lebenswichtigen Güter nur auf dem Wasserwege herangebracht werden. Die Meiningen-Brücke, welche heute die Halbinsel mit dem Festland verbindet, wurde erst 1913 dem Verkehr übergeben. Da ich in den folgenden Jahren meiner Seefahrtszeit nur selten zu Hause war, kam ich nur noch wenig mit dem hilfsbereiten Nachbarn Ebert zusammen. Er mußte bis zum Lebensende zur Aufbesserung seiner kleinen Rente arbeiten. Mit der Bootsfahrt war es für ihn auch bald vorbei, und so verdiente er bei jeder sich bietenden Gelegenheit etwas Geld dazu. Hauptsächlich durch die Zerkleinerung von Brennholz für die Nachbarn, oder er führte kleinere Reparaturen an den Stallungen und Häusern aus, bis eine böse Krankheit ihn ans Bett fesselte. Aber er brauchte nicht lange hilflos zu liegen, denn er wurde bald von seinen Leiden erlöst. Wie viele alte Rentner, hatte er sich einen Arzt nicht leisten können. Für die heutige Generation ist es selbstverständlich, daß niemand Arzt- oder Arzneikosten zu zahlen braucht. Wenn man damals notgedrungen einen Doktor rufen mußte, so lagen die Kosten bei rund 30 Mark: für ein Fuhrwerk zum Arzt nach Prerow und zurück 20 Mark, Honorar etwa 10 Mark. War sogar eine Krankenhausbehandlung nötig, so mußte erst ein Schwein verkauft werden, weil der Kranke ohne eine beträchtliche Anzahlung gar nicht aufgenommen wurde. Die Mehrzahl der Dorfbewohner mußte also im Alter mit einem mehr oder weniger langen Siechtum rechnen.

Die Solidarität unter den Seeleuten aller Nationen muß für

den alten Ebert bis ins hohe Alter einen großen Stellenwert gehabt haben. Auf einer der letzten gemeinsamen Boddenfahrten erzählte er mir vom Ausbruch eines Brandes auf dem Dampfer Emil Kinstorf und von einem Hilfsangebot. »Ja min Jung«, begann er, »wenn es einmal eintritt, daß die Ladung durch unglückliche Umstände, zum Beispiel durch Druck, Reibung oder durch chemische Prozesse in Brand gerät, muß immer mit einem außergewöhnlichen Ausgang gerechnet werden. Besonders schlimm wird die Lage, wenn sich kein anderes Schiff in der Nähe befindet ...«

Seit Anfang unseres Jahrhunderts ist es allerdings leichter geworden, Hilfe anzufordern, nämlich über Funk. Wie oft schon hat der Ruf SOS Save our souls (Rettet unsere Seelen) Menschenleben gerettet. In den davor liegenden Zeiten waren die Segelschiffe, wenn kein anderer Segler in sichtbarer Nähe war, nur auf sich selbst gestellt, und so manches Schiff ging beim Ausbruch von Feuer an Bord unbemerkt mit Mann und Maus unter.

»... Vor einigen Jahren«, so erzählte Karl Ebert, »geriet der Hamburger Dampfer Emil Kinstorf in Brand. Das Schiff war auf der Reise von Colombo nach Suez. Der Dampfer war voll beladen; die ganze Besatzung und 60 Passagiere befanden sich an Bord. Die Ladung bestand aus Kopra, Koprakuchen, Hanf, Pfeffer und Kokosöl. Einige Tage nachdem der Dampfer Colombo verlassen hatte, drang leichter Rauch aus den Ventilatoren der Laderäume. Schnell wurde festgestellt, daß es dort unten brannte, und man mußte nun auf das Schlimmste gefaßt sein. Nach dem vergeblichen Versuch, den Brand zu ersticken, wurden die Ladeluken geöffnet und ununterbrochen Wasser auf den Brandherd gepumpt. Inzwischen war über Funk SOS ausgestrahlt worden. Es meldeten sich mehrere Schiffe, und der Kapitän eines in der Nähe befindlichen englischen Dampfers sagte sein Erscheinen innerhalb von zehn Stunden zu. Inzwischen erhitzte sich das eiserne Deck in der Nähe des Brandherdes immer mehr. Durch Fluten der betreffenden Laderäume und verstärkte Löschwassergaben ging das Feuer langsam aber stetig zurück. Der englische Dampfer, der noch rechtzeitig eingetroffen war, hatte dabei wertvolle Hilfe geleistet. Passagiere und Besatzung konnten aufatmen, und der englische Dampfer mit Dank für den Beistand entlassen werden.«

Einige Jahre lang konnte ich mit meinen Jugendfreunden die heimatliche Dorfschule besuchen. Unser alter Lehrer – es gab damals drei Schulmeister im Ort – gab sich viel Mühe, den ärmlich gekleideten Kindern, welche meist nur plattdeutsch sprechen konnten, etwas beizubringen. Er wurde nicht ungeduldig, wenn das Poltern und Scharren der Holzpantoffeln den Unterricht störte. Lederschuhe, für die heutigen Kinder selbstverständlich, besaßen die wenigsten Schulbesucher.

Den Kindern armer Leute wurde es nicht leicht gemacht, wenn sie das für den Lebenskampf notwendige Wissen erwerben wollten. Unter dem Eindruck der früheren bürgerlich-nationalistischen Erziehung kamen mir die ersten kritischen Gedanken. So verurteilte ich die Eigenart mancher Lehrer, die Kinder von wohlhabenden Eltern – meist aus materiellen Gründen – ohne es zu verbergen, bevorzugten.

Eine erste Grundlage für das Leben war nach dem erfolgreichen Schulabschluß gelegt. Es fehlte nur noch die traditionelle Einsegnung in der nächstgelegenen Seemannskirche. Zur Vorbereitung mußten daher alle Schüler des letzten Schuljahres einmal in der Woche zum Konfirmanden-Unterricht im Nachbardorf erscheinen. Der rund zehn Kilometer lange Weg wurde nur angetreten, wenn die kräftigsten Burschen des Jahrgangs dabei waren. Trotz der anerzogenen christlichen Nächstenliebe blieben heftige Prügeleien zwischen den Jugendlichen der benachbarten Dörfer nicht aus. Nach der Einsegnung begann für viele der entlassenen Schüler und deren Eltern die Sorge um eine Anstellung als Schiffsjunge auf einem Segler. Es war nicht so einfach, eine freie Stelle zu finden, zumal wohlhabende Väter aus dem Binnenland für die Anmusterung ihrer Söhne als Schiffsjungen beträchtliche Gelder zahlten. Andererseits mußte der Junge eine Segler-Ausbildung erhalten, weil das für sein späteres Fortkommen im Beruf gefordert wurde. Vor der Ausbildung zum Steuermann auf großer Fahrt (Patent A 5) hatte jeder nach den damaligen Bestimmungen eine dreijährige Fahrzeit auf Seglern nachzuweisen.

Hamburg – die große Hafenstadt

Nach der Einsegnung begann auch für mich der Ernst des Lebens. Ich bereitete mich nunmehr auf die Reise nach Hamburg vor. Dort wollte ich so bald wie möglich auf einem Segler anmustern.

Hamburg, die große Hafenstadt mit seinen weltweiten Beziehungen und Verbindungen, mit seinem internationalen Trubel war für die Jugendlichen vom Darß ein besonderer Anziehungspunkt. Viele Darßer Seemannsfamilien wohnten bereits dort, um Vater oder Sohn nach der Heimkehr von einer Seereise ohne Zeitverlust und ohne die sonst notwendigen Hin- und Herreisen, im gewohnten Familienkreis willkommen zu heißen. Das günstigere Großstadtmilieu mit besseren Arbeits- und Wohnmöglichkeiten und der Fortfall der schweren Landarbeit mögen zum Umzug geführt haben. Schließlich waren die Frauen und Mütter besser dran, die nicht auf dem Darß vergebens auf ihre Männer warten mußten, weil so mancher Mann nach der Rückkehr von der Seereise nicht nach Hause kam, sondern die verdiente Heuer auf St. Pauli »verbrauchte« und kein Geld für die Heimfahrt zurückbehalten hatte. Im Volksmund sagte man in solchen Fällen: »Der Mann von Frau Müller fährt von Hamburg und für Hamburg.«

Im Gegensatz zu Hamburg wurde von Rostock und Wismar aus zu dieser Zeit hauptsächlich Küsten- und Trampschiffahrt betrieben. Wenn heute im Rostocker Hafen große Seeschiffe bis zu knapp 90 000 BRT liegen, so kann man sich schwer vorstellen, daß früher nur Schiffe zwischen 3 000 und 5 000 BRT Rostock-Warnemünde passieren konnten. (Eine Registertonne, RT = 2,83 m^3; der Gesamtschiffsraum wird in BRT = Brutto-Register-Tonnen, der Nutzraum in NRT = Netto-Register-Tonnen angegeben.) Die Lebensweise in Rostock konnte keineswegs mit der Weltstadt Hamburg verglichen werden.

Zu guter Letzt mußte jeder zur See gehende Junge es noch

lernen, sein Zeug zu waschen und seine Wäsche und sein Arbeitszeug instandzuhalten. Natürlich gehörte auch das Stopfen der Strümpfe sowie das Flicken der anderen Wäschestücke zu diesen Arbeiten.

Später auf See war jeder Seefahrer für lange Monate auf seine eigenen Fähigkeiten angewiesen. Auf fremde Hilfe konnte man kaum rechnen, weil alle Kollegen mit den eigenen Sachen genug zu tun hatten. Kein anständiger Junge wollte jedoch an Bord eines Schiffes unsauber und unordentlich herumlaufen.

Wie es sich später an Bord herausstellte, gab es dort drastische Methoden, um der Faulheit oder Gleichgültigkeit zu begegnen. Sollte zum Beispiel ein Faulpelz – an Bord »Päckchen« genannt – es versäumen, seine eingeweichte Wäsche schnellstens zu reinigen, so wurden von einem der älteren Matrosen einige Zwiebeln und etwas Essig in die Waschpütz getan. Das wirkte in den meisten Fällen recht gründlich. Diese Zutat neutralisierte nämlich die Seifenlauge und machte das Waschwasser untauglich. Bei der Knappheit der Seife auf monatelangen Reisen wiederholte sich eine derartige Nachlässigkeit also kaum. Als Transportbehälter für die persönliche Ausrüstung dienten Seesack und Seekiste. Letztere war auf Seglern nötig, weil auf diesen Schiffen wegen des Raummangels nur kleine Wäschefächer zur Verfügung standen. Die nur auf Segelschiffen gebräuchliche Seekiste war etwa einen Meter lang, bei einer Breite und Höhe von rund 60 Zentimetern. Das Material bestand aus gutem Eichenholz, denn vor allen Dingen mußte dieser »Ersatzschrank« unbedingt wasserdicht sein. Der Wohnraum auf den Seglern stand bei schlechtem Wetter und hohem Seegang oft unter Wasser. Die Seekiste diente zur Aufnahme der einzelnen Wäschestücke: drei mal Unterwäsche und sechs Paar Strümpfe, zwei Arbeitshosen und Jacken für Winter- und Sommerwetter und zwei Pullover. Diese Sachen gehörten zur Mindestausrüstung für die an Bord kein Schrankplatz vorhanden war.

Im Seesack wurden Wolldecken, Ölzeug und Seestiefel, Schuhe und andere grobe Sachen verstaut; später an Bord mußte der Seesack jedoch geleert und unter die Kojenmatratze, die sich jeder selbst zu beschaffen hatte, gelegt werden. Für die Reinigung und Instandhaltung der Sachen waren die Seeleute allein verantwortlich. In den sehr engen Wohnräumen war kaum Platz für alle Männer vorhanden.

Bevor es aber von zu Haus fortging, wurden alle einzelnen Teile der Ausrüstung aufgeschrieben und eingepackt. Auf einer langen Seereise konnte man mit Ersatz oder Neubeschaffung nicht rechnen. Weder in den heißen Tropengebieten noch in den rauhen und stürmischen Regionen durfte etwas fehlen.

Nachdem alle Teile meiner Ausrüstung verpackt waren, legte meine fürsorgliche Mutter ein kleines Gebetbuch als letztes Stück in die Seekiste, hierdurch geistigen Beistand für ihren Jungen in der fernen Welt erwartend. Sie konnte es nicht ahnen, daß man an Bord eines Großseglers für Bibelsprüche nichts übrig hatte. Hier galt in schwierigen Situationen der Grundsatz: »Hilf dir selbst, dann hilft dir Gott!« Somit wurde das Gebetbuch nach dieser ersten Ausreise nicht mehr mitgenommen, ohne durch diesen Entschluß das religiöse Empfinden der Mutter mißachten oder verletzen zu wollen.

In den Elternhäusern der Schulfreunde Ernst Betke, Karl Behrens und Harry Lau waren ähnliche Vorbereitungen im Gange. Es war nämlich vereinbart, daß wir vier Jungen im Laufe des Juni mit dem erfahrenen Steuermann Bernd Wallis nach Hamburg fahren sollten. Der Tag der gemeinsamen Abreise rückte heran. Teils in wehmütiger Abschiedstimmung, teils in heiterer Verfassung wurde das Gepäck auf ein Fuhrwerk verladen und zur nächstgelegenen Bahnstation gebracht. Die angehenden Seeleute legten den zehn Kilometer langen Weg durch den heimatlichen Wald zu Fuß zurück. Am Bahnhof bestiegen sie mit ihrem Begleiter – nach der Gepäckabfertigung – sogleich den fahrbereiten Zug. Bei munterem Geschwätz, welches die innere Erregung verbergen sollte, begann nun der entscheidende Schritt in die neue, noch unbekannte Zukunft. Unterwegs, beim Umsteigen in ein stark besetztes

Abteil für Reisende mit Traglasten, rief ein im Zug sitzender vorlauter Händler: »Seht zu, wo ihr mit dem vielen Kram bleibt, hier ist kein Platz für Säcke und Kisten!« Bernd Wallis drängte unverzüglich nach vorn, um für seine Schützlinge Platz zu schaffen. Erst nach einem heftigen Meinungsstreit beruhigten sich die erregten Gemüter. Zum Glück kam es nicht zu tätlichen Auseinandersetzungen. Der bärenstarke Bernd Wallis sagte kurz vor dem Zielbahnhof zu seinen Jungen: »Menschenskinder, wie juckten mir die Fingerspitzen, als der Schreihals uns so anbrüllte und keinen Platz machen wollte!« Bei seiner Mentalität war es ihm zuzutrauen, daß er gern schnell reinen Tisch gemacht hätte. Bei der bald zu erwartenden Ankunft auf dem großen Hamburger Hauptbahnhof und der freudigen Stimmung, in der wir Jungen uns befanden, war dieser kleine Zwischenfall recht schnell vergessen.

Der ungewohnte Anblick der vielen Lichter und das Hin- und Herbrausen der vollbesetzten Vorortzüge versetzte uns unerfahrene Dorfjungen in Erstaunen. Das Hetzen und Jagen der vielen Menschen in der großen Bahnhofshalle war kaum zu beschreiben, wir fühlten uns in eine andere Welt versetzt. In dem Großstadtgewimmel gab es so viel Neues zu sehen und zu hören, was wir bisher kaum für möglich gehalten hatten. Die ständige Hast beim Ein- und Aussteigen mit dem vielen Gepäck bereitete uns anfangs einige Sorgen; unsicher aber konnte es uns nicht machen. Herangewachsen in der landwirtschaftlich schönen und ruhigen Darßer Heimat waren wir Jungen doch jeder nervlichen Belastung gewachsen. Mit großem Interesse beobachteten wir das muntere und geschäftige Treiben um uns herum. Um vom umfangreichen Gepäck befreit zu werden, brachten wir es erst einmal zu einer Aufbewahrungsstelle. Von dort fuhren wir ohne Verzögerung mit der Hochbahn weiter bis zur Haltestelle am Baumwall, dem Zentrum des Hamburger Hafens. Als wir dort ausstiegen, lag der Hafen im morgendlichen Dunst. Seine Geräusche und Gerüche schlugen uns in seinen Bann. Uns Neulinge beeindruckte das lebhafte Kreuz und Quer der vielen Fährboote,

Schlepper, Barkassen und Schuten, die vor und hinter den großen Seeschiffen mitten im Strom die Elbe überquerten. Für uns war es erstaunlich, daß es dabei nicht zu irgendwelchen Zusammenstößen kam. Das schrille Aufheulen der Schleppersirenen und das dumpfe Tuten der mächtigen Ozeanriesen empfanden wir als ersten Gruß unseres zukünftigen Heimathafens. Am Baumwall standen mehr als hundert Hafenarbeiter vor einer Arbeitsvermittlungsstelle und warteten auf einen Job. Es gab nur wenige fest angestellte Hafenarbeiter. Die meisten Männer standen Tag für Tag um sechs Uhr vor der Vermittlungsstelle, um dort wenigstens für einen Tag Arbeit zu bekommen.

Von all diesen Eindrücken und von der langen Reihe müde geworden, freuten wir Jungen uns sehr, als nach einem kurzen Fußmarsch die vorgesehene Unterkunft erreicht war. Durch frühere Gespräche mit älteren Fahrensleuten im heimatlichen Dorf kannten wir die Besonderheiten dieser Hamburger Seemannsherberge, volkstümlich auch »Schlafstelle« genannt.

Ein früherer Bewohner der Halbinsel und seine Frau, von allen Seeleuten »Tante Anna« genannt, hatten diese auf die Eigenart der zur See fahrenden Menschen eingerichtete Gaststätte vor einigen Jahren eröffnet. Sie befand sich auf dem Kuhberg, einer alten Hamburger Straße. Es verkehrten hier ortsfremde Seeleute, die in der Mehrzahl aus unserer Gegend stammten. In diesem gastfreundlichen Haus fanden sie Unterkunft und Verpflegung. Hier warteten sie auf ihre Chance, das heißt auf ein Schiff. Die Kosten für die Unterbringung in einem Hotel oder in einer Pension konnten die mittel- und stellungslosen, auf Arbeit wartenden Menschen nicht aufbringen.

Bei besonderen Anlässen ging es bei »Tante Anna« hoch her. Das Wiedersehen nach einer langen Reise, oder der Abschied vor dem Auslaufen zu einem neuen Törn mußte in jedem Falle zünftig gefeiert werden. Auch wenn die Geldmittel vorzeitig zu Ende gingen oder ganz fehlten, bei den Wirtsleuten konnte man stets Kredit erhalten. Die Endabrechnung erfolgte immer korrekt, und kein Gast wurde in diesem Haus übervorteilt. Es war unser Glück, daß wir hier untergekommen waren, denn es gab manche Schlafstellen, deren Besitzer es mit der Ehrlichkeit nicht so genau nahmen. Sie verrechneten sich bei jeder sich bietenden Gelegenheit zu ihrem Vorteil und hauten, wie es volkstümlich heißt, die Sailors über die Ohren, wo es nur ging. Ihr Umgangston war barsch und unfreundlich. Besonders wenn es um das liebe Geld ging, ließen sie jeden Rest von Zurückhaltung fallen; dann forderten sie ohne Erbarmen das letzte Matrosenhemd. Die Ausstattung der Schlafräume war sehr primitiv, von der allgemeinen Sauberkeit und der Stimmung im Haus ganz zu schweigen.

Wir vier Neuankömmlinge suchten bald – nach einer kräftigen Abendmahlzeit – unsere Betten auf. Am nächsten Morgen ging es mit großer Erwartung sogleich zur Heuerstelle. Wegen der freudlosen Einrichtung von den meisten Arbeitslosen auch »Stall« genannt. Hier mußte sich jeder Bewerber unter Vorlage seiner Papiere registrieren lassen. Bei den Befahrenen genügten Seefahrtsbuch und Dienstzeugnisse. Anfänger die das 16. Lebensjahr noch nicht erreicht hatten, mußten außer Geburtsschein und Schulzeugnis die schriftliche Zustimmung des Vaters oder der Mutter beibringen.

Die Nachfrage nach Fahrensleuten war in der damaligen Zeit gering; jeder Seemann war froh, einen Arbeitsplatz an Bord zu haben und war bemüht, ihn möglichst lange zu behalten. Notgedrungen wurde daher von manchen arbeitsuchenden Seeleuten zusätzlich der Heuerbaas »Jan Mayen« aufgesucht. Dieser vermittelte freie Stellen auf rein privater Basis. Gewöhnlich mußte für diese Arbeitsbeschaffung die erste Monatsheuer überwiesen werden. Der Beruf der Heuerbaase wurde bis zum Beginn dieses Jahrhunderts offiziell betrieben. Männer mit Beziehungen zu einigen Reedereien oder einzelnen Schiffseigentümern sorgten gegen Entgelt dafür, daß diese zeitgerecht die notwendigen Besatzungsmitglieder für ihre Schiffe bekamen. Die Eigentümer kleinerer Schiffe konnten ebenfalls über einen Heuerbaas ihre Besatzungen anwerben. Wenn ein Seemann in Not war, bemühte er sich – auch wenn er nur ein kleines Schiff bekommen konnte – bei einem privaten Stellenvermittler. 1918 wurde durch das Stellenvermittler-Gesetz diese Art der Arbeitsbeschaffung beseitigt. Amtliche Vermittlerstellen übernahmen diese Aufgabe. Der eine Tätigkeit suchende Seemann bekam von ihnen, falls vorhanden, eine Arbeit auf einem Schiff vermittelt.

Für mich war dieses Warten auf unbestimmte Zeit eine große Belastung. Meine Mutter hatte mir nur wenig Geld mitgeben können, und selbst bei bescheidenster Lebensführung war Hamburg ein teures Pflaster. Harry Lau und Karl Behrens waren besser dran. Sie erhielten inzwischen eine Anstellung auf einem Dampfschiff. Sie legten keinen Wert auf Seglerfahrzeit. Allgemein bestanden für Jobs auf Dampfern günstigere Aussichten.

Zusammen mit meinem Freund Ernst schlenderte ich oft in den Straßen der Hafengegend herum. Wir kamen uns recht verlassen vor. Durch das lange aussichtslose Warten begann der Mut zu sinken. Aufmunternde Gespräche mit den Wirtsleuten und den Gästen der Schlafstelle halfen etwas über diese Krise hinweg. Kleine Arbeitsmöglichkeiten, die sich gelegentlich ergaben, trugen schließlich zur Verbesserung der wirtschaftlichen Lage und zur Belebung der zermürbenden Wartezeit bei. Es war beileibe nicht einfach, ohne einen größeren Bekanntenkreis günstige Gelegenheitsarbeiten zu finden. Wir mußten froh sein, wenn wir mit einer Schubkarre kleinere Transportaufträge oder einige Aufräumungsarbeiten ausführen konnten.

Angemustert auf dem Vollschiff LANDKIRCHEN

Mit einem Schlage änderte sich die Situation, als es hieß, das Ernst und ich auf dem Vollschiff LANDKIRCHEN anmustern konnten. Das Glück war kaum zu fassen, zumal es sich um einen langen Trip handelte – die Reise sollte nach China gehen – und wir die erste große Reise gemeinsam antreten durften. Bei der Anmusterung erhielten wir einen Vorschuß von zwei Monatsgehältern. Die Monatsheuer betrug damals 20 Mark. Wir gingen gleich daran, die letzten notwendigen Ausrüstungsgegenstände einzukaufen. Es fehlten noch eine Seegrasmatratze, Seestiefel und Ölzeug sowie Seife und ähnliche Kleinigkeiten. Heute in unserer Zeit mag das unverständlich erscheinen, weil Arbeitskleidung und Bettzeug von vielen Reedereien geliefert werden. Unsere Seekisten und Seesäcke beförderten wir in einer geliehenen Schiebkarre auf dem kürzesten Wege zur Anlegestelle der Jollenführer. Diese sogenannten Jollenführer – es waren kleine Motorboote – brachten die Besatzungsmitglieder zu ihren Schiffen, welche nicht am Kai, sondern an den Pfählen lagen. In der Mitte der großen Hafenbecken waren starke Pfahlgruppen, auch Dalben genannt, in den Grund eingerammt. Zwischen den Dalben wurden Schiffe mit einer Spezialladung oder auch große Tiefseesegler sicher vertäut. Die mächtige, weit über die Bordwand reichende Takelage eines Seglers ließ ein Festmachen am Kai nicht zu.

Als wir auf dem Jollenführer standen, um zu unserem Schiff zu gelangen, waren wir unbeschreiblich froh gestimmt.

Nach einer längeren Fahrt durch die einzelnen Hafenbekken erreichten wir endlich den Segelschiffshafen. Während der Überfahrt musterten wir interessiert die übrigen Fahrgäste, zumal auch Neger und Japaner darunter waren. Als ich einen älteren Herrn im modischen Straßenanzug bemerkte, flüsterte ich leise meinem Freund zu: »Sieh einmal diesen feinen Pinkel an, was will der hier am Hafen?« Nach der naiven

Vorstellung eines Dorfjungen hatten nur zünftige Seeleute oder Hafenarbeiter, denen man den Beruf ansehen konnte, etwas im Hafen zu suchen. Endlich waren wir am Ziel; der Jollenführer legte an der Gangway an. Als Gangway bezeichnet man eine Treppe, die an einem Schiff außenbords aufgehängt wird, und über die man die fünf bis sechs Meter hohe Bordwand bequem bewältigen kann. Der Anblick des schönen Vollschiffes ließ unsere Herzen höher schlagen. Die etwa 56 Meter hohen, im unteren Teil eisernen Masten mit jeweils fünf Rahen und dem vielen Tauwerk, das sauber gescheuerte Deck, die überall auffallende Ordnung an Deck und in den Toppen, ließen ahnen, wieviel Aufwand und zuverlässige Arbeiten von den Männern an Bord ständig zu bewältigen waren. In größter Eile und aufgeregt schleppten wir die Seesäcke und Kisten über die lange und steile Gangway an Bord. Dort nahm uns der Bootsmann, ein stämmiger Ostfriese in Empfang. Aufmerksam musterte er uns, nachdem wir unsere Namen genannt hatten. »So, Jung's, geht erst einmal nach vorne ins Logis und zieht euch um«, hieß es kurz. Es war selbstverständlich, daß wir dieser Weisung unverzüglich nachkamen.

Beim Betreten des Matrosenlogis' war das Erstaunen groß. Es erschien uns einfach unvorstellbar, daß in diesem etwa 40 Quadratmeter großen Unterkunftsraum mindestens 16 Mann für viele Monate leben und schlafen sollten. Später konnten wir es erleben, mit welcher Gründlichkeit unter diesen Umständen eine annehmbare Lebensweise gewährleistet wurde. Es gab keinen Zweifel, nur ständige Ordnung und peinliche Sauberkeit konnten ein Zusammenleben in dieser Enge ermöglichen. Daß ausgerechnet wir Schiffsjungen für die Reinigungsarbeiten zuständig waren, entsprach nicht unseren jugendlichen Wunschträumen von der Seefahrt. Das kleine, eiserne und flache Haus auf dem Vordeck diente den Matrosen als Unterkunft. Es war mit dem eisernen Unterschiff fest verbunden, damit es vom Seegang nicht fortgerissen werden konnte. An den Seitenwänden waren 16 Doppelkojen eingebaut. Vor den Kojen hingen schützende dünne

Vorhänge, damit man nachts, besonders auf See, auch etwas zur Ruhe kommen konnte. Die Matrosen der Seewache, das heißt die Männer, die gerade Dienst hatten, hielten sich nachts und wenn keine Segelmanöver notwendig waren, in der Foxel (engl. fore castle) auf. Häufig saßen sie auch in der Zeit von 18.00 bis 06.00 Uhr lesend, plaudernd oder rauchend im gemeinsamen Wohn- und Schlafraum unter der Lampe an dem in der Mitte des Raumes befindlichen Tisch. Die Lebensweise war recht einfach. Vor den Kojen standen die Seekisten, die außer den Bänken als Sitzgelegenheiten dienten. Nachdem wir uns in aller Eile umgezogen hatten, erschienen wir im neuen Arbeitsanzug wieder an Deck. Der Bootsmann schickte uns erst einmal zur Vorstellung zum »Alten«, wie der Kapitän auf einem Schiff allgemein genannt wurde und sicher auch noch genannt wird.

Die Unterkünfte für den Kapitän und seine Offiziere lagen im Achterschiff, der Poop. Nur zögernd wurde das »Allerheiligste«, das heißt der Wohnraum eines Kapitäns, betreten. Die nur mühsam unterdrückte Überraschung war nicht gering, als wir in dem »feinen Pinkel«, den wir auf dem Jollenführer gesehen hatten, den Kapitän des Vollschiffes erkannten. In unserer Unerfahrenheit hatten wir einen brummigen und bärtigen alten Seebären erwartet. Der Name des Kapitäns war Kaiser. Er stammte aus dem Harz. Nach meinem Urteil war er ein sehr guter Seemann und Schiffsführer, der ohne besondere Aufregung stets zur richtigen Zeit die bestmöglichen Maßnahmen anordnete.

Nach einem kurzen, in freundlichem, aber bestimmtem Ton gehaltenen Gespräch, in welchem die Härte des vor uns liegenden Lebensabschnittes hervorgehoben wurde, ging es wieder an Deck zum Bootsmann zurück. Unserer neuen Stellung gemäß, beschäftigte er uns erst einmal mit Reinschiff- und Aufräumungsarbeiten. Das war selbst uns verständlich. Nur daß wir – wie an Bord üblich – als »Moses« bezeichnet und auch so gerufen wurden, empfanden wir anfangs als Herabsetzung. Das hing wohl damit zusammen, daß schon die damalige Jugend kein besonderes Interesse für die Namen der

Brigg Carl, geführt vom Großvater des Autors, Kapitän Gustav Friedrich von Petersson

Der Hamburger Hafen, um 1930

Die Küste am Darß

Das Elternhaus in Born. Der Autor (links)
mit seinem Bruder Walter

Die Schmuggler-Mühle in Born, um 1900

Im Segelschiffshafen

Vollschiff LANDKIRCHEN

Vor dem Auslaufen noch schnell ein Erinnerungsfoto, rechts der Autor

Im Logis der LANDKIRCHEN, ganz rechts der Autor

Blick nach oben

Cuxhaven querab

Bordkameraden

christlichen Mythologie zeigte. Jedem der Jungen wäre es lieber gewesen, wenn man ihn mit dem Vornamen gerufen hätte, was leider selten geschah. Wir betrachteten dies als Demütigung und als Geringschätzung. Wie so oft im Leben gab es Ausnahmen. Der Matrose Thost aus Dresden war eine solche, er sprach uns stets kameradschaftlich mit unseren Vornamen an. Als Sohn wohlhabender Eltern war er von seinem Elternhaus ausgerissen. Er hielt sich anfangs noch heimlich in Dresden auf, mußte sich aber recht bald Arbeit beschaffen, um leben zu können und das Fahrgeld nach Hamburg zu verdienen. Bei einem Wanderzirkus konnte er als Hilfsarbeiter ankommen. Als er eines Abends während einer Vorstellung die recht massigen Exkremente eines Elefanten aus der Manege entfernen mußte, wurde er plötzlich von einer jungen Zuschauerin – es war eine Hausangestellte seiner Eltern – mit folgenden Worten angesprochen: »Aber Herr Hans ...«. Das war für ihn das Signal, sofort 'gen Norden zu verschwinden.

Die Landkirchen lag erst seit einigen Tagen in ihrem Heimathafen Hamburg. Die alte Besatzung hatte zum größten Teil abgemustert und befand sich an Land. Es hieß, daß die neue Besatzung erst in zwei Wochen, mit dem Beginn der Ladungsarbeiten, an Bord zu erwarten sei. Die Zwischenzeit genügte uns, um mit dem Schiff und dem Bordleben einigermaßen vertraut zu werden.

Die Hafenliegezeiten waren damals bedeutend länger als das heute der Fall ist. Das konnte auch gar nicht anders sein. Die technischen Voraussetzungen für das Be- und Entladen eines Schiffes hatten einen unmittelbaren Einfluß auf die Liegezeiten. Man muß bedenken, daß alle Ladungsarbeiten überwiegend durch harte körperliche Arbeit zu erledigen waren. Wenn also rund 3000 Tonnen Ladung an Bord oder an Land geschafft werden mußten, dann wurde viel Zeit benötigt; außerdem wurde nur tags gearbeitet, um an den Löhnen der Umschlagarbeiter zu sparen. Da der Segler nahezu zwei Jahre auf Reisen war und nicht überholt werden konnte, gab es für die Besatzung im Hafen viel zu tun. Die Aufhängung der Rahen mußten auf ihren Zustand überprüft werden, die Beschaffenheit des Ruders und der Übertragungsteile wurde kontrolliert, vor allen Dingen aber, mußte der Schiffsboden unterhalb der Wasserlinie von sämtlichen Muscheln und dem Algenbewuchs befreit und mit zwei neuen Anstrichen versehen werden. Die Fahrtgeschwindigkeit des Schiffes war nämlich in der letzten Zeit in zunehmendem Maße durch den starken Bewuchs vermindert worden. Das alles zusammengenommen, verlängerte natürlich die Hafenliegezeit auch. Nicht zuletzt hatten die Seeleute Sehnsucht nach ihren Angehörigen. Die Stammbesatzung war von ihnen sehr lange getrennt gewesen, und sie war froh, zu Hause wieder etwas Ruhe und menschliche Wärme zu empfangen, bevor er erneut hinaus auf See ging.

Mit einer Tragfähigkeit von rund 3000 Tonnen machte die LANDKIRCHEN einen imposanten Eindruck. Der Segler war etwa 100 Meter lang und 14 Meter breit. Eine nicht geringe Sorge bereitete uns anfangs der Anblick der Masten, sie waren immerhin 56 Meter hoch. Wir waren außerstande, es uns vorzustellen, wie man auf hoher See, bei jedem Wetter und zu jeder Tag- und Nachtzeit, dort oben in den Toppen überhaupt arbeiten konnte. Um später, wenn es dort hinaufgehen sollte, nicht unangenehm aufzufallen, trainierten wir heimlich. Damit uns auf See Unsicherheit und Mutlosigkeit nicht zur vorzeitigen Umkehr drängten, stiegen wir abends in der Dämmerung nach oben. Jeder freute sich, wenn er ohne banges Schwindelgefühl nach und nach bis hinauf zur Mastspitze geklettert war.

Mit der sogenannten Backschaft, dem Essenholen, Geschirrspülen und den Reinigungsarbeiten im Matrosenlogis wurden wir allerdings schneller, wenn auch widerwillig vertraut. Bei allen Arbeiten an Deck wurde es uns klar, wie viele Tätigkeiten und Begriffe des Seemannsberufes wir Anfänger noch zu erlernen hatten. Kein Wunder also, wenn die an den Masten herunterlaufenden Taue, je Mast etwa 100 Tauenden, zuerst ständig verwechselt wurden. Bei der Einarbeitung im Hafen war das noch zu entschuldigen, auf See jedoch konnte eine solche Verwechslung zum Tode eines oder mehrerer Kameraden führen. Beim täglichen abendlichen Deckaufklaren wurde daher immer wieder gefordert, jedes Tauende nur an der dafür vorgesehenen Stelle zu befestigen. Diese Aufforderung zur gewissenhaften und fehlerfreien Arbeit bei allen seemännischen Belangen führte dazu, daß sich jeder auf den andern voll verlassen konnte. Die Erziehung zum selbstverständlichen Ertragen von Entbehrungen, zu Mut und zur Ausdauer bildeten eine weitere Voraussetzung für die Arbeit auf einem Großsegler. Im späteren Verlauf unseres Lebens auf dem Segelschiff erkannten auch wir jugendlichen Anfänger den Wert dieser Erziehung. Mancher Jüngling, der nur von der Romantik der Seefahrt geträumt hatte, der nicht hart gegen sich selbst sein konnte, blieb nach der ersten Reise für immer an Land.

Nun, auch wir neugebackenen Schiffsjungen mußten uns unter den zu erwartenden harten Berufs- und Arbeitsbedingungen erst bewähren. Eine durch die Herkunft bedingte frühzeitige Gewöhnung an manche Eigenarten der seemännischen Praxis trug begünstigend dazu bei.

In dem alten Segelmacher, der an Bord geblieben war, fanden wir einen guten und verständigen Lehrmeister und einen sehr menschlich denkenden Vorgesetzten. Bei mancher Gelegenheit konnte sich jeder vom »Sails«, wie der Segelmacher an Bord hieß, einen fachkundigen Rat holen.

Im täglichen Leben, ob an Land oder auf See, gibt es nicht nur kameradschaftlich denkende und handelnde Menschen. Auf allen Arbeitsstellen hat man es mit Vorgesetzten unterschiedlichen Schlages zu tun. Im günstigsten Falle ist man einem menschenfreundlichen, klugen und bescheidenen Vorgesetzten unterstellt, der es versteht, im Interesse der zu erbringenden Leistung, auf die Eigenarten und Schwächen seiner Mitarbeiter einzugehen, dabei sein Geltungsbedürfnis unterdrückt und in Streitfällen zu einem Kompromiß bereit ist. Ebenso gibt es Typen, die immer und zuerst an sich und ihr Vorwärtskommen denken, dabei unnahbar und allzusehr von sich eingenommen sind. Nur selten wird ein solcher Vorgesetzter die Argumente eines Untergebenen anerkennen und zu einer vernünftigen Übereinkunft bereit sein. Häufig wird ein solches Verhalten durch Minderwertigkeitskomplexe des unbeliebten Leiters begünstigt. Bei uns an Bord konnten wir uns über den Kapitän, seine Offiziere und Unteroffiziere nicht beklagen. Für uns Jungen waren die Matrosen maßgebend, denen hatten wir ja auch zu gehorchen. Bis auf wenige Ausnahmen waren sie recht unangenehme Patrone. Sie ließen uns ihre Macht recht oft auf eine unangenehme Art spüren. Auf langen Seereisen, wie sie heute kaum noch vorkommen, stand jeder Mensch mitten in einem Spannungsfeld. Die primitive, gleichbleibend monotone und beengende Lebensweise führte unausbleiblich zu Reibereien unter der Besatzung, der man auf einem Schiff nicht entfliehen konnte. Auf Arbeitsstellen an Land kann man ein unangenehmes Arbeitsverhältnis oft durch einen Personal- oder Stellungswechsel bereinigen. Außerdem ist an Land die Anfälligkeit für derartige, psychologisch bedingte Störungen naturgemäß geringer. Fast jeder Kollege kann durch das abwechslungsreiche Familienleben und durch die vielseitigen Erlebnisse in der Umwelt leichter über Krisenstimmungen hinwegkommen.

Boots- und Zimmermann sowie der Meister gehörten zu den Stützen der Besatzung. In ihrer Eigenschaft als Unteroffiziere hatten sie für spezielle Belange eine besondere Verantwortung. Sie wohnten gemeinsam mittschiffs in einem kleinen Deckshaus. Während der Bootsmann für alle seemännischen Arbeiten an Deck und in der Takelage zuständig war, oblag dem Segelmacher das Ausbessern und Neuanfertigen von Segeln, deren gesamte Fläche einschließlich der Ersatzgarnitur etwa 6000 Quadratmeter betrug. Der Zimmermann befaßte sich mit allen Holzarbeiten. Außerdem hatte er für die sichere Abdeckung der großen Ladeluken zu sorgen, und traditionsgemäß trug er, wie auf jedem Seeschiff, für das tägliche Peilen die alleinige Verantwortung. Die Bilgen sind eine Vielzahl von Hohlräumen zwischen der eisernen Außenhaut und dem Boden des Laderaumes. Vorn, mittschiffs und achtern sind sie durch senkrecht verlaufende dünne Eisenrohre mit dem

Oberdeck verbunden. Durch das Herablassen eines eisernen Peilstockes kann man feststellen, ob sich Wasser im Unterschiff befindet. Dadurch wird gleichzeitig der Zustand der Bordwand laufend überprüft. Für die Wartung des »Dunky«, eines stationären Dieselmotors, der die Ladearbeiten in fernen Häfen erleichtern sollte, sorgte auf der LANDKIRCHEN der Meister, ein gelernter Maschinenbauer aus Magdeburg. Dieser erledigte unterwegs alle anfallenden Eisenarbeiten mit großer handwerklicher Geschicklichkeit. Mit dem gemütlichen Meister verstand ich mich besonders gut. Die auf der langen Seereise geschlossene Freundschaft hat sich länger als 50 Jahre bewährt. Bis zum Jahre 1968 hatten wir uns nicht mehr gesehen und auch nichts voneinander gehört. Ganz zufällig trafen wir uns nach so langer Zeit auf dem Darß wieder, da der frühere Meister diese schöne Landschaft für den Sommer als Urlaubsziel gewählt hatte. Die Freude war natürlich auf beiden Seiten groß. Auch nach rund 45 Jahren hatte ich die freundliche und gute Wesensart meines ehemaligen Vorgesetzten in bester Erinnerung. Unser zufälliges Treffen wurde also mit vielen Fragen wie: »Weißt Du noch ...?« in alter kameradschaftlicher Stimmung gefeiert. Später tauschten wir die Tagebuch-Aufzeichnungen unserer gemeinsamen Reise aus. Und so war es mir auch möglich, meinen Reisebericht unverfälscht und exakt zu verfassen, aber nicht, ohne auch meinen alten Kameraden zu Wort kommen zu lassen. Sein Sprung ins Leben begann so: »Im Jahre 1914 begann für mich der Ernst des Lebens mit der Lehrzeit. 1917 wurde ich als ›Kuli des Kaisers‹ zur Seefliegerabteilung auf Norderney eingezogen. Meinem Wunsch war ich damit einen Schritt näher gekommen. Das Meer hatte ich erreicht, aber die Länder, von denen ich immer geträumt hatte, noch lange nicht. Ich mußte warten, bis der wahnsinnige Krieg zu Ende ging. Und es kam der Tag. Die Monarchie war weggefegt, und eine neue Zeit begann.

Meinen Wunsch, zur See zu fahren, gab ich nicht auf, zumal man überall von der Wiederbelebung der Schiffahrt sprach. Anfang Juli war für mich der Tag gekommen. Voller

Zuversicht packte ich meinen Seesack, den ich von der Marine mit nach Hause genommen hatte. In der Hoffnung, ich war ja bei der Marine, dort würden sie schon auf mich warten, traf ich in Hamburg ein. Zunächst mietete ich ein Zimmer, das ich in der Kastanienallee fand. Der Vermieter war früher zur See gefahren. Durch einen Unfall hatte er seinen Beruf jedoch aufgeben müssen. Er versprach mir, daß er in absehbarer Zeit ein Schiff für mich finden würde. Aber zehn Tage wartete ich umsonst und begann allmählich seine Pläne zu durchschauen. Er hatte nur Interesse an meinem Geld. Meine Ersparnisse schmolzen immer mehr zusammen, obgleich ich ein sehr bescheidenes Dasein führte. In dieser Notlage faßte ich den richtigen Entschluß: Selbst ist der Mann, auf zur Heuerstelle!

Um acht Uhr wurde diese geöffnet, und ich wurde von der Menge der Wartenden hineingeschoben. Plötzlich fiel meine Hoffnung auf Null, denn ich las auf einer Tafel die Worte: ›Unbefahrene werden nicht eingetragen!‹ Dennoch hoffte ich, dieser Hinweis würde für mich nicht zutreffen. Schließlich kam ich doch von der Marine. Nach langem Drängen und Stehen öffnete sich eine Klappe in der Wand, und alle arbeitslosen Männer gaben ihre Seefahrtsbücher ab. Ich dachte, versuche dein Heil und schob mein Lehrzeugnis und obendrauf meinen Militärpaß, der ja alles retten sollte, durch die Luke. Klopfenden Herzens harrte ich der Dinge, die nun folgen würden. Nach einiger Zeit wurde die Klappe wieder hochgeschoben, und schmale weiße Hände bugsierten die Papiere, an denen so viel Hoffnung hing, durch die kleine Öffnung. Ob die Herren nicht lesen könnten? hieß es unfreundlich: »Unbefahrene werden nicht eingetragen.« Dann wurde der Schalter wieder geschlossen. Meine Papiere befanden sich noch hinter der Klappe. Ich dachte natürlich, das macht der Marinepaß und faßte wieder frischen Mut. Plötzlich wurde mein Name aufgerufen. Laut und vernehmlich Hier rufend, drängte ich mich nach vorne. Da drückte mir der Mensch meinen Militärpaß in die Hand und sagte: ›Für solche Kladden hat man bei der Seefahrt keine Verwendung.‹ Mir fiel das

Herz fast in die Hosen, denn ich hatte kaum noch Geld für die Heimfahrt. Plötzlich besah sich der Angestellte meinen Lehrbrief von der Maschinenfabrik Krupp und sagte zu mir: ›Was, bei Krupp in Magdeburg hast du gearbeitet, dann kennst du dort bestimmt den Meister Buschang.‹ Ich sagte gleich zweimal: ›Ja, na klar kenne ich den.‹ Wir kamen ins Gespräch, und er fragte weiter, ob ich denn auch bei der Schuhverschiebung in Helsingfors dabei gewesen sei? ›Bei der Schuhverschiebung in Helsingfors? Aber ja, dort war ich dabei‹, erwiderte ich. Und so waren wir schnell gute Bekannte geworden. Abschließend wurde mir dann eine Heuerkarte in die Hand gedrückt. Aber von der Schuhverschiebung wußte ich genausowenig wie von dem Meister Buschang.

Jedenfalls war der erste Sieg errungen, und ich hatte Aussicht auf eine Anstellung, denn ich war als Kohlentrimmer vorgemerkt.

Am nächsten Tag geschah das große Wunder. Für den Segler LANDKIRCHEN, der auf lange Reise gehen sollte, wurde ein Schlosser und Schmied gesucht. Ohne zu zögern ging ich an den Schalter und meldete mich für diesen Posten. Mir wurde erklärt, daß der Kapitän des Schiffes über meine Einstellung am Nachmittag entscheiden würde.

Ich war pünktlich zur Stelle und wurde gleich dem Kapitän vorgestellt. Nach einigem Hin und Her, nach Fragen über meine Arbeitskenntnisse wurde ich angenommen. Meine Freude war groß. Nun endlich war der Wunsch meines Lebens erfüllt. Ich kam auf ein Segelschiff und sollte die alte, unverfälschte Seefahrt kennenlernen. An Bord konnte ich mich dann nach längerer Zeit endlich wieder einmal richtig satt essen.«

Wie bereits erwähnt, lag der Wohraum der Unteroffiziere fast in der Mitte des Schiffes, die Bewohner nannte man daher die Mittschiffsgäste. Wir unkundigen Jungen konnten sehr bald die Erfahrung machen, daß diese räumliche Trennung – Matrosen vorn, Unteroffiziere mittschiffs und Schiffsleitung achtern – auch in menschlicher Hinsicht die Schiffsbesatzung voneinander unterschied. Jede Gruppe lebte in der

Regel für sich, dabei mehr oder weniger stets eigene Interessen vertretend. Es war eines der stärksten Vergehen, wenn jemand aus dem Matrosenlogis, auch Foksel genannt, über die dort geführten Gespräche an anderer Stelle etwas verlauten ließ. Gelegentliche Spannungen hatten mitunter dort ihren Ursprung. Das bei unserer Mannschaft vorhandene Pflichtgefühl war der Grund dafür, daß auf unserem Schiff trotz der besagten räumlichen Trennung keine Unstimmigkeiten auftraten und daß trotz der zeitweilig außergewöhnlich schwierigen Lebensbedingungen es zu keiner Verletzung der Borddisziplin kam. Eine wesentliche Grundlage dafür waren die an Bord eines Schiffes geltenden arbeitsrechtlichen Bestimmungen, die in der Seemannsordnung vom 12. Mai 1904 festgelegt waren. Dort stand u. a. geschrieben: »Wir, Wilhelm, von Gottes Gnaden Deutscher Kaiser, König von Preußen, verordnen im Namen des Reiches, unter erfolgter Zustimmung des Bundesrates und des Reichstages ...

§ 2 – Kapitän im Sinne dieses Gesetzes ist der Führer (Schiffer, in dessen Ermangelung oder Verhinderung sein Stellvertreter ...)

§ 34 – Der Schiffsmann ist verpflichtet, in Ansehung des Schiffsdienstes den Anordnungen des Kapitäns, der Schiffsoffiziere und seiner sonstigen Vorgesetzten unweigerlich Gehorsam zu leisten und zu jeder Zeit alle für Schiff und Ladung übertragenen Arbeiten zu verrichten ...

§ 106 – Ein Schiffsmann, der den Befehlen des Kapitäns, eines Schiffsoffiziers oder eines anderen Vorgesetzten den Gehorsam verweigert, wird mit Gefängnis bis zu 6 Monaten oder mit Geldstrafe bis zu dreihundert Mark bestraft.«

138 Paragraphen sorgten für die Erläuterung des Vertragsverhältnisses bezüglich der Disziplin- und der Strafvorschriften an Bord deutscher Schiffe. Über die Rechte der Besatzungen gab es nur allgemein geltende Hinweise, die sich nach der Anmusterung ergaben, wie Ernährung und Unterbringung. Die zum Glück guten charakterlichen Eigenschaften unserer Vor-

gesetzten und die gerechte Behandlung der Untergebenen bildeten die Voraussetzung für ein erträgliches Leben an Bord. Nicht zuletzt trugen die seemännischen Fähigkeiten und der Optimismus des Kapitäns dazu bei, daß unter der ganzen Besatzung überwiegend ein froher und frischer Geist herrschte. Auf allen Seglern war das nicht der Fall. Durch schlechte Behandlung der Mannschaft und deren Mißstimmungen kam es auf langen Reisen zuweilen zu gefährlichen Unstimmigkeiten zwischen der Mannschaft und der Schiffsleitung, die in besonderen Fällen auch zur Meuterei führten. Jeder alte Seemann weiß, daß Auseinandersetzungen auf den ungewöhnlich langen Reisen der Segler durch die monatelange Isolierung von der Außenwelt begünstigt werden können. Hinzu kommt, daß Menschen verschiedener Denk- und Lebensweise auf engstem Raum und ohne abwechslungsreiche Kost miteinander auskommen müssen, auch dann, wenn durch Gefahrensituationen Körper und Nerven bis an die Grenze des Erträglichen belastet sind. Wenn es einmal hart auf hart kam und zwei Matrosen sich andauernd anknurrten, dann trugen die beiden Kontrahenten einen Boxkampf an Deck aus. Der sich am stärksten fühlende von beiden forderte mit den Worten: »Komm an Deck« dazu auf. Die Unbeteiligten achteten sehr darauf, daß die Fairneß unter allen Umständen eingehalten wurde.

Auseinandersetzungen zwischen der Schiffsleitung und der Besatzung sind durchaus denkbar, jedoch gehörten Meutereien an Bord zu den großen Seltenheiten. Im vorigen Jahrhundert war die unmenschliche Behandlung der Matrosen und auch die größere Willkür unter den Menschen die Ursache für derartige Ereignisse.

Wie der weitere Verlauf der Reise zeigte, ging in dieser Beziehung auf unserem Schiff – trotz einiger kritischer Situationen – alles klar.

Inzwischen hatte auch der dritte Moses seinen Dienst angetreten. Der neu Hinzugekommene, Hugo hieß er, und ich blieben im Matrosenlogis zur laufenden Betreuung der Janmaaten. Mancher wird sich fragen, welche Aufgaben gehörten denn zur Betreuung? Vor allen Dingen mußten die Wohnräume der Matrosen täglich aufgeräumt und gereinigt werden. Bei den auf kleinstem Raum zusammenlebenden vielen Männern war das unbedingt notwendig. Diese Betreuung wurde für uns erschwert, weil die im Logis schlafenden Matrosen der Freiwache nicht gestört werden durften. Nur allzu schnell flog einem ein Seestiefel ins Kreuz oder an den Kopf. Vor den Mahlzeiten deckten wir den Tisch und holten das Essen. Schon das Aufdecken war ein Problem, weil jeder Janmaat seinen eigenen Platz und sein eigenes Geschirr und Besteck hatte. Und wehe wir verwechselten dieses Werkzeug einmal. Das Abwaschen des Geschirrs war auch nicht so einfach, da wir nur Wasser von außenbords, also Seewasser, das heißt Salzwasser dazu verwenden durften, das nur mit der Zustimmung des Kochs in der Kombüse warm gemacht werden durfte, aber niemals in einem seiner Töpfe. Wir waren froh, wenn eine alte größere Blechdose dafür vorhanden war. Zum Abtrocknen des Geschirrs mußten gereinigte alte Wäschestücke ausreichen. Schließlich hatten wir nachts, während der Deckswachen, für die gesamte Besatzung die Kartoffeln zu schälen und das Salzfleisch zu wässern. Es ist sicher für manchen schwer vorstellbar, wie sehr und wie schnell man sich auf diese primitiven Verhältnisse umzustellen hat. Und im Notfall kann man das auch.

Alles, aber auch alles, jede kleine Erleichterung und jede Verbesserung des Seemannsloses mußte den Reedern abgerungen werden. Viele Jahrzehnte stehen dafür. Die Profitgier der Reeder kannte keine Grenzen. Und wir armen Teufel hatten am meisten darunter zu leiden.

Eine gewisse Zwangslage bestand zwischen den Matrosen und den Jungen. Die Matrosen hatten wir nur mit »Sie« anzusprechen, und in dem kleinen Logis durften wir nicht mitreden. Wir waren nur darauf bedacht, ja keinem der allgewaltigen Janmaaten irgendwie nahe zu treten. Ernst wurde den Unteroffizieren zugeteilt, dadurch hatte er das Glück, mittschiffs einen kleinen Raum für sich zu haben. Als kleinste und schwächste Gruppe hielten wir Schiffsjungen immer gut zusammen. Abends, wenn Ruhe im Schiff war und die meisten Matrosen an Land gegangen waren, tauschten wir im trüben Schein einer Petroleumlampe unsere Erfahrungen aus. Es ist verständlich, wenn der aus einer anderen Umgebung hinzugekommene Hugo die meisten Fragen hatte. Er war Sohn eines Opernsängers und kam aus München. Seine anfänglichen Schwierigkeiten bei der Bewältigung der an Bord üblichen plattdeutschen Sprache und das Erlernen der vielen Fachausdrücke konnte er nur mit großer Mühe überwinden.

Das bisherige ruhige Leben an Bord dauerte nicht lange. Inzwischen war die Besatzung vollständig an Bord gekommen. Das Ziel der Reise war uns inzwischen mitgeteilt worden. Wir sollten eine Ladung Porzellanerde nach Chinwangtao (China) bringen. Der behäbige Hafentrott ging zu Ende, es kam mehr Leben in den Schiffsbetrieb. Unser Segler mußte so schnell wie möglich lade- und seeklar gemacht werden. Die Rahen und das viele Tauwerk an Bord waren der Grund, daß vor dem Beginn der Ladungsarbeiten besondere Vorkehrungen getroffen werden mußten. Die Ladung sollte nämlich ohne Störung übernommen werden. Zu diesem Zweck mußten die Rahen in die bestmöglichste Stellung gebracht und das laufende Tauwerk beiseite genommen werden. Auch alle Laderäume waren zu überprüfen und danach gründlich zu reinigen.

Three cheers för de Hamburger Deerns

Nachdem die Ladung im Schiff war, hatte der Erste Offizier das »Gebet der Jungfrau«, wie es allgemein an Bord genannt wurde, zu verfassen: »Am 14. 07. 22 verließen wir Hamburg mit einer Ladung Porzellanerde für Chinwangtao. Tiefgang vorn 12,8″, hinten 14,2″ (12,8 Zoll entsprechen 3,25 Meter und 14,2 Zoll 3,60 Meter). Das Schiff ist in gutem Zustand, wasserdicht und gut bemannt. Es ist für die bevorstehende Reise mit Proviant, Wasser und mit allem Nötigen gut ausgerüstet. Stehendes und laufendes Gut sowie sämtliche Segel sind fast neu und sehr haltbar. Die Luken wurden mit doppelten Persenningen abgedichtet. Alles ist in bestem Zustand, um das Schiff sicher über See zu bringen.«

Solche Protokolle wurden vor Antritt einer jeden Seereise in das Schiffstagebuch eingetragen. Bei der Klärung von Seeunfällen war das Schiffstagebuch die Grundlage für die Festlegung der Schuldfrage und für die Höhe der auszuzahlenden, meist sehr hohen Versicherungssummen.

Die Arbeit in den Toppen begann. Sämtliche Segel sollten nach oben gebracht und an den einzelnen Rahen im zusammengerollten Zustand festgemacht werden. Es setzte ein tolles Treiben ein; da die Verständigung mit den Kameraden auf den oberen Rahen Schwierigkeiten bereitete, nahm das laute Rufen zwischen oben und unten kein Ende. Bei dieser ersten größeren Aktion leisteten wir Schiffsjungen die notwendigen Handlangerdienste an Deck. Zum Feierabend verließen uns Jugendlichen jedoch die Kräfte. Die schweren Segel mußten ohne technische Unterstützung, allein durch harte körperliche Arbeit auf die Rahen befördert werden. Es handelte sich um etwa 20 Segel, deren Gewicht rund 100 bis 300 Kilogramm betrug. Bei dieser Gelegenheit, beim Aufbringen der Segel also, wurden häufig Shanties gesungen. Diese Lieder belebten die arbeitenden Menschen. Außerdem trugen sie nicht unwesentlich dazu bei, daß bei den kräftezehrenden seemännischen Arbeiten ein bestimmter Rhythmus eingehalten werden

konnte, der alles ein wenig erträglicher machte. An den drei eisernen Masten unseres Segelschiffes, dem Vor-, Groß- und Kreuzmast, waren jeweils fünf Rahen mit Längen von zehn bis 20 Metern befestigt, die zur Aufhängung der Segel dienten. Je Mast wurden zwei Bram- und zwei Marssegel gefahren. Darunter befand sich vorn die Fock, mittschiffs das Großsegel und achtern die Bagin. Zwischen den Masten wurden zusätzlich die Stagsegel gesetzt. Bei zunehmendem Wind wurden die Segel in der folgenden Reihenfolge festgemacht:
Bei Windstärke fünf bis sechs Bft Bramsegel und Bagin, bei Windstärke sieben bis acht Bft Obermars- und Kreuzmarssegel. Die beiden vorderen Untermarssegel blieben bei jedem Wetter stehen. Die Roll- und Schlingerbewegungen des Schiffes wurden dadurch gedämpft, außerdem trugen diese beiden Sturmsegel zur Erhaltung der Steuerfähigkeit bei.

Inzwischen kamen Wasser und Proviant an Bord. Die seemännische Ausrüstung, wie Tauwerk, Segeltuch, Teer und Farben, wurde in einem Leichter längsseits gebracht. Alle diese Güter mußten schnell übernommen und nach Seemannsart gut und sicher verstaut werden. Hartbrot, vom Binnenländer auch Schiffszwieback genannt, wurde in reichlichen Mengen geliefert. Ich hatte den Auftrag, das Brot unten in einem großen Eisentank so zu verteilen, daß alle Ecken ausgefüllt waren. Das war eine recht staubige Angelegenheit, weil man von oben her, ohne Unterbrechung, Sack auf Sack hineinschüttete. Zum Schluß wurde die auf der Oberkante des Tanks befindliche kleine runde Luke mit einem Mannlochdeckel fest und luftdicht verschlossen. Der im Achterschiff gelegene Proviantraum reichte kaum aus, um die für unsere lange Reise vorgesehenen Lebensmittel zu fassen. Salzfleisch, Mehl, Graupen, Erbsen und Bohnen, meist in Fässern verpackt, sowie die vielen Speckseiten und Stockfischbündel, es seien nur die wichtigsten Dinge genannt, gaben diesem Lager den typischen Proviantraumgeruch. Hier war die richtige Luft, um bei schlechtem Wetter und stark arbeitendem Schiff seekrank zu werden. Mit dem Frischwasser sollten wir später noch große Schwierigkeiten bekommen. Der Frischwassertank faßte nur 50 Tonnen. Den älteren und erfahrenen Matrosen war dieser Zustand nicht recht geheuer. Die in diesem Zusammenhang geäußerten Bedenken gingen jedoch in dem allgemeinen Reisefieber bald unter. Jeder an Bord war froh, daß die aufwendigen und langwierigen Vorbereitungsarbeiten vor dem Antritt der Reise bald ein Ende haben würden. Von Angst oder Bedenken vor den kommenden unbekannten Ereignissen war nichts zu spüren. Nur so nebenbei, fast im Unterbewußtsein, fragte man sich, wann wir wohl wieder in Hamburg eintreffen würden. Die Hoffnung auf einen guten Verlauf dieser langen Reise war bei allen Bordkameraden groß.

Bei einzelnen Situationen im menschlichen Leben, wenn allein der Wille zum Durchhalten über den Erfolg entscheidet, kommt es in erster Linie auf die Zielsetzung und auf die innere Einstellung an. Mancher Mensch macht sich das Leben schwer, weil ihn mangelnder persönlicher Mut und auch Trägheit über Gebühr hemmen. Wir Jungen sagten uns jedoch: »Was andere Anfänger durchgemacht und ausgehalten haben, das werden auch wir schaffen!« Unter diesem Motto überwanden wir alle anfänglichen Krisen, um nach und nach mit den vielen Eigenarten und Arbeiten des Bordlebens vertraut zu werden. Der menschliche Hang zur Gewöhnung wirkte sich mit zunehmender Zeitdauer günstig aus.

Es war nur allzu verständlich, daß wir Jungen den Wunsch hatten, an einem der letzten Abende vor der Abreise noch einmal an Land zu gehen. Man fühlte sich schon als Seemann, hatte ein Schiff unter den Füßen und somit freie Unterkunft und Verpflegung. Außerdem ermöglichte der bescheidene Vorschuß den Einkauf von einigen wichtigen kleinen Gebrauchsgegenständen. Nicht zuletzt wollten wir uns von St. Pauli mit seinem bunten Treiben zünftig verabschieden. In der behaglichen Seemannskneipe »Zum gemütlichen Hermann« verlebten wir bei flotter Musik schöne Stunden. Wir tanzten mit den netten Serviererinnen, und allmählich kapierten wir, daß dieser Abend für lange Zeit der letzte Abend an Land und auf St. Pauli war.

Vor einigen Jahren war ich anläßlich eines Hamburgbesuches wieder einmal auf St. Pauli. Ich wollte wissen, ob dort noch die alte, überwiegend gemütliche Atmosphäre vorherrschte. Was ich aber dort schon vor den Kneipen sah und hörte, war derart vulgär, obszön und menschenunwürdig, daß mich dieser Betrieb anwiderte und abstieß. Alles war in einer chaotischen Umgebung nur auf Geldgier und schmutzigen Sex eingestellt. So machte ich bald auf dem Hacken kehrt und verließ schnell diese Gegend.

Der abendliche kleine Ausflug verlief nach Wunsch. Mit dem letzten Fährdampfer ging es gegen ein Uhr nachts wieder zurück zu unserem Liegeplatz. Am Liegeplatz unseres Seglers machten wir drei Jungen uns bemerkbar. Nach dem Ruf »Landkirchen ahoi« holte uns der wachhabende Matrose mit einem kleinen Boot an Bord. Da wir wußten, daß wir am nächsten Morgen gegen sechs Uhr mit dem Ruf: »Rise-rise« aus unseren Träumen gerissen werden und ein anstrengender Arbeitstag auf uns wartete, kletterte jeder bald in seine Koje.

Am 14. Juli des Jahres 1922 sollte es endlich losgehen. Hafenpolizei und Zollbeamte hatten das Schiff für die Ausreise freigegeben. Zur Unterstützung des Kapitäns kletterte auch der Hafenlotse an Bord. Bei dem regen Schiffsverkehr im engen Fahrwasser der Elbe konnte auf eine nautische Beratung nicht verzichtet werden. Zwei starke Schlepper kamen längsseits, um vorn und achtern die Schleppleinen zu übernehmen. Nach dem erwarteten Kommando: »Leinen los!« wurden sämtliche Festmacherleinen von den Dalben losgeworfen und mit lautem Gesang an Deck geholt. Für uns unbefahrene Jungen war es ein erhebender Anblick und ein eindrucksvolles Erlebnis, als sich der große Tiefwassersegler langsam in Bewegung setzte.

Bei den Landungsbrücken von St. Pauli wurden die Aufklarungsarbeiten für kurze Zeit unterbrochen. Nach altem Brauch brachten alle Decksleute zum Abschied ihre Hochrufe auf die Hamburger Mädchen aus. Mit dem Blick auf das Hafenviertel rief der Bootsmann laut über Deck: »Three cheers för de Hamburger Deerns«, worauf alle gemeinsam dreimal mit einem lauten »Hip-hip-hurra« antworteten. Der Dank für fröhliche Stunden in Hamburg sollte damit abgegolten werden. Über das bei so vielen Gelegenheiten verjubelte Geld machte sich keiner Gedanken. Vielleicht ist diese Großzügigkeit in materiellen Dingen einer der Gründe für die allgemeine Beliebtheit der Seeleute.

Leider haben die meisten der an Land lebenden Menschen, durch Literatur und andere Medien beeinflußt, nicht die richtige Vorstellung von der Lebensweise der zur See fahrenden Männer. Man ist der Ansicht, daß diese bei jeder sich bietenden Gelegenheit gerne einen über den Durst trinken und dabei ein liederliches Leben führen. Das ist jedoch kaum möglich, weil es auf See und im Dienst fast nie Alkohol gibt. Der natürliche und starke Lebenshunger der Matrosen nach den eintönigen Wochen und Monaten schwerer Arbeit auf See wird gedankenlos verkannt. Im Grunde genommen ist es für die Seeleute meist nur die Freude, endlich wieder an Land und zu Hause zu sein, nachdem sie sehr lange ein nahezu klösterliches Leben in nie sich verändernder Gesellschaft führen mußten. Durch das Bordleben an Kameradschaft gewöhnt, sind Fahrensleute immer sehr spendabel, besonders wenn sie mehrere Monatsheuern in der Tasche tragen. An »mitfeiernden Gästen« mangelte es niemals, sie trugen sehr zur Erhöhung des Heimkehrtrubels bei. Beim Betreten einer Gaststätte wurde ein angeheiterter Matrose nicht selten mit den folgenden Worten begrüßt: »Noch eine Runde für die Damenkapelle, der junge Seemann bezahlt alles.«

Nach dem Verlassen des engeren Hafenbereiches und nach dem Lotsenwechsel wurde der zweite Schlepper, der achtern die Steuerfähigkeit des Schiffes unterstützte, losgeworfen. Mit dem Gezeitenstrom ging es weiter elbabwärts, bis nach einigen Stunden die Elbufer außer Sichtweite gerieten.

Von allen Dampfern und Motorschiffen wurde unser Vollschiff durch das Niederholen der Landesflagge gegrüßt. Nach altem Seemannsbrauch gilt in der internationalen Schiffahrt für alle Nationen folgende Regel: Beim Insichtkommen eines heimkehrenden Schiffes gleicher Nationalität wird auf See sofort die Landesflagge gesetzt, um dem Heimkehrer den ersten Gruß aus der Heimat zu übermitteln. Beim Passieren der Schiffe wird dann auf dem auslaufenden Schiff zuerst die Landesflagge gedippt, und der Begrüßte dankt dann auf die gleiche Art. Jeder Nautiker erkennt die Schiffe seines Landes schon von weitem an der Schiffsform und an den Schornsteinmarken. Eine Nichtbefolgung dieses schönen alten Brauches wird als grobe Unhöflichkeit empfunden. Großsegler werden von allen Nationen immer zuerst begrüßt. So war es auch in unserem Fall. Heutzutage sollte man darauf achten, daß die alten seemännischen Traditionen nicht in Vergessenheit geraten, auch wenn man sich auf einfachere Art, nämlich durch Sprechfunk begrüßen kann. Die Besatzungen Hamburger Schiffe begrüßen sich in engen Gewässern seit langem auf eine drollige Art. Passiert zum Beispiel ein Hamburger Schiff in einem anderen Hafen ein anderes aus Hamburg, so brüllen die Decksleute, wenn sich die Schiffe auf gleicher Höhe befinden laut und eindrucksvoll: »Hummel – Hummel«, worauf die Anderen mit: »Mors – Mors« antworten. Dieser Brauch stammt aus der Zeit, als in Hamburg das Wasser für den täglichen Gebrauch noch auf der Straße verkauft wurde. Ein alter Wasserausträger mit dem Namen »Hummel« wurde oft von den Kindern geärgert, indem sie ständig und laut seinen Namen riefen, worauf dieser mehrmals mit »Mors« antwortete.

Goode Reis

Ein mäßiger Wind aus südöstlicher Richtung rauschte ganz leicht in der gewaltigen Takelage. Es bestand also die Möglichkeit, die Fahrt des Schiffes durch das Setzten einiger Segel zu erhöhen. Nach dem Kommando: »Setzt Vor- und Großmarssegel« entfalteten sich die ersten großen Segelflächen im achterlichen Wind. Mit zunehmender Fahrt näherten wir uns langsam dem Feuerschiff ELBE-2. Dieses Feuerschiff lag weit außerhalb der Elbmündung im östlichen Bereich der Nordsee. Es blieb bei jedem Wetter auf der festgelegten Position und gab laufend Funk-, Licht- und akustische Nebelsignale. Diese trugen zur Erhöhung der Sicherheit bei der Ansteuerung der Hafeneinfahrt bei.

Unser Segler begann in der leichten westlichen Dünung etwas zu stampfen. Das Rauschen des Windes nahm merkbar zu. Es sollte für viele Monate unsere Begleitmusik in Dur und Moll werden.

Nach dem Passieren des Feuerschiffes wurden weitere Segel gesetzt und die Schleppleinen losgeworfen. Der Lotse übernahm vor dem Vonbordgehen die noch auf der Elbe in Eile versandfertig gemachten letzten Abschiedsgrüße. Nach den Worten »Goode Reis« war jede Verbindung mit der Heimat für lange Zeit unterbrochen.

Ohne Hilfsmaschine und ohne Funkanlage mußte sich die Besatzung nunmehr nur auf die eigene Kraft und Erfahrung verlassen. Auf den Weiten der Ozeane mußten wir, jedem Wetter und Seegang trotzend, den vor uns liegenden schier endlosen Seeweg allein antreten. Das war schon immer so gewesen, und kein Mensch an Bord hegte über die glückliche Heimkehr einen Zweifel.

Bei leichter Brise und weiterhin guter Fahrt ging es unter vollen Segeln in die Nordsee hinaus. Bis zum Borkum-Feuerschiff briste es langsam aber ständig auf. Zur Entlastung des Schiffes mußten inzwischen Bram- und Stagsegel festgemacht werden. Westlich vom Feuerschiff sollte der erste Tanz auf

See beginnen. Der Wind frischte unerwartet stark auf, um nach einiger Zeit volle Sturmstärke zu erreichen. Während einer heftigen Böe sprang der Wind plötzlich von Südwest auf Nordwest um. In den Toppen herrschte ein wahrer Höllenlärm, der Sturm heulte und jaulte über uns in allen Tonarten. Auch der Seegang nahm nach kurzer Zeit zu, und es entwikkelten sich gewaltige Wellenberge, die mit ununterbrochener Wucht über das stark schlingernde Schiff herfielen. Ungewohnt für uns Anfänger war die schwache fade Dämmerung an Deck und in der näheren Umgebung. Sie entstand durch die phosphoreszierenden, in rasende Bewegung geratenen Wassermassen. In den Ozeanen sollten wir dies später noch im verstärkten Maße erleben.

Ein Brecher nach dem anderen überflutete mit riesiger Gewalt das Deck. An diesem ersten Sonntag auf See bekamen wir Schiffsjungen den rechten Begriff von einer Sturmnacht auf See. Wir schienen in einer Welt aus Wasser, Wind und Gischt bei tosendem Lärm allein gelassen zu sein. Für uns, die wir einen derartigen Ausbruch der Naturgewalten gleich zum Beginn der Reise recht plötzlich erleben mußten, war es natürlich eine außergewöhnliche Überraschung. Trotz der chaotischen Zustände kamen jedoch bei keinem von uns irgendwelche Angstgefühle auf, weil in der frischen Luft nur das Kältegefühl zu überwinden war. Beim Backschaftmachen, daß heißt bei den Vorbereitungen zum Essen und dem folgenden Geschirrspülen machte sich in der Enge und Abgeschlossenheit der Wohnräume, zunehmend die böse Seekrankheit bemerkbar. Bei der Beseitigung der Essenreste und beim Reinigen der Räume war es besonders unerträglich. Keiner von uns konnte etwas essen, aber um so häufiger mußten meine beiden Kumpel und ich an die Reeling laufen, um unter dem schadenfrohen Gelächter der Matrosen »die Fische zu füttern«. Es ist ein schlimmer Zustand, wenn starke Müdigkeit, Schwindelgefühl und Brechreiz mit Magenschmerzen zugleich zu ertragen sind.

Der Sturm nahm weiter zu, und es ging ans Segelbergen. Der Kapitän wollte das Focksegel retten. Ehe wir jedoch mit der Bergung beginnen konnten, verschwand es mit lautem Knall im starken Dunst. Es war aus den Lieken geflogen; von dem derben Segeltuch blieb kaum ein Fetzen zurück. Unter den schwersten Bedingungen wurden in der folgenden, tiefschwarzen Nacht alle Obermarssegel geborgen. Für einige Stunden lagen wir beigedreht schräg auf der See, um auf diese bewährte Art das Unwetter abzureiten. Am frühen Morgen, nach den schweren Orkanböen, starrte die aufgehende grelle Sonne von einem chaotisch aussehenden Himmel taurig auf unser stark schlingerndes Schiff herab.

Wir Schiffsjungen brauchten in dieser Nacht noch nicht nach oben in die Toppen. Unsere Aufgabe bestand darin, auf dem von schweren Brechern überfluteten Deck, beim Aufgeien der Segel zu helfen und das gesamte Tauwerk aufzuklaren. Dabei standen alle zuweilen bis zum Bauch im kalten Wasser. Das spätsommerliche Wetter ließ diese unfreiwilligen Bäder jedoch leichter erscheinen.

Leider gehörte es, wie schon erwähnt, zu unseren ständigen Aufgaben, vor und nach jeder Mahlzeit die Backschaft zu machen. Im seekranken Zustand gehörte das jedoch zu den unangenehmsten Arbeiten. Bei der Beseitigung der Essenreste und beim Säubern des Geschirr's und des Wohnraumes befanden wir uns permanent in einem jämmerlichen Zustand, das Erbrechen wollte überhaupt nicht aufhören. Hätten wir in dieser Lage an Land gekonnt, so wären wir wohl nie wieder auf den Gedanken gekommen, zur See zu fahren. Nach einiger Zeit allerdings war die Seekrankheit zum Glück vollkommen überstanden.

Am 20. Juli erreichten wir Dover. Die hohen Kreidefelsen boten in der leuchtenden Morgensonne einen herrlichen Anblick. Möglicherweise war diese im englischen Kanal seltene Beleuchtung ein gutes Omen für den weiteren Verlauf der Reise. Wegen der relativen Enge und wegen des Gegenwindes kamen wir im Kanal langsam aber dafür sicher voran.

Nur mit großen Anstrengungen konnten wir den Ärmelkanal bei anhaltenden westlichen Winden bis zum 11. August durchkreuzen. Das Kreuzen bei Gegenwind erforderte in diesen engen Gewässern einen außergewöhnlichen Arbeits- und Zeitaufwand, weil ein Rahsegler nur mit 55 Grad im Wind liegen kann. Das bedeutete in unserem Fall, daß alle vier Stunden, natürlich auch nachts, eine Kursänderung vorgenommen werden mußte. Bei den Segelmanövern, dem sogenannten Überstaggehen, hatten auf einem Großsegler stets alle Mann an Deck zu sein. Man benötigte für dieses Manöver, einschließlich der Vorarbeiten, rund eine Stunde. Für uns Jungen, die an Nachtarbeit nicht gewöhnt waren, bedeutete das eine besondere körperliche Belastung. In diesem schmalen Seegebiet bestand ständig die Gefahr, von einem Dampfer gerammt zu werden. Einige Segler, unter anderem auch die Fünfmastbark PREUSSEN, sind im Ärmelkanal gerammt worden und danach leider auch gesunken. Der Grund für diese außergewöhnliche Gefahr waren unsere Positionslampen, die von einem anderen Schiff aus nachts nur sehr schlecht zu sehen waren. Sie befanden sich nur wenige Meter über der Wasseroberfläche, außerdem hatten wir nur Petroleumlampen als Leuchtkörper. Es war meine Aufgabe als Lampentrimmer, für den guten Zustand aller Positionslampen zu sorgen. Täglich mußte ich alle Lampen herausnehmen und überprüfen, ob sie genug Petroleum hatten und ob die Zylinder blank waren. Alle Teile mußten ständig sauber und betriebsklar sein. Ein einziges Mal mußten wir ein helles Leuchtsignal abbrennen, um auf die Gefahr eines Zusammenstoßes mit einem kurskreuzenden Dampfer hinzuweisen. Die Brückenwache des querlaufenden Dampfers reagierte sofort, weil die erleuchteten hohen und großen Segelflächen unübersehbar waren. Damals hatten wir vorn nur zwei Positionslampen, rot an Backbord und grün an Steuerbord, dazu ein weißes Licht am Heck. Für die Schiffe besteht die gleiche Vorschrift wie beim Autofahren, der von rechts Kommende hat immer Vorfahrt. Segler haben allgemein das Wegerecht.

Alle atmeten auf, als wir diese üble Ecke mit südwestlichem Kurs verlassen konnten. Bei frischem nördlichen Wind liefen wir mit zehn Knoten Fahrt in den Nordatlantik hinein.

Trotz des guten Segelwetters brummte der Alte schon den

ganzen Tag an Deck herum. Die Umstellung auf das einsame Bordleben schien ihm nach der schönen Hafenzeit nicht zu behagen.

Vor Antritt der Reise waren die Männer der Decksmannschaft für die beiden Seewachen eingeteilt. Innerhalb von 24 Stunden hatte jede Wache 12 Stunden an Deck zu arbeiten. Das galt allerdings nur bei schönem Wetter. Wenn es die Wetterlage verlangte, mußten beide Wachen solange an Deck und in der Takelage arbeiten, bis jede Gefahr vorüber war.

Im Zusammenhang mit der Arbeitsdauer muß man wissen, daß an Bord eines Schiffes die Zeit durch das sogenannte Glasen angegeben wird. Für jede halbe Stunde wird mit der Schiffsglocke ein Glas geschlagen. Um ein Uhr nachts zum Beispiel sind es zwei Glas, bis dann um 04-00 Uhr früh acht Glas zum Wachwechsel rufen. Im Tagesverlauf werden also sechsmal acht Glas geschlagen. Bei acht Glas sind es vier Doppelschläge mit der Schiffsglocke. Das Glasen hat seinen Ursprung in früheren Jahrhunderten, als ein Dreißig-Minuten-Sandglas dem Rudersmann als Zeitmesser diente. Da der Rudergänger zu jeder vollen Stunde abgelöst wurde, paßte er im eigenen Interesse auf, daß der ablösende Matrose durch pünktliches Glasen rechtzeitig erschien. Es war bei uns an Bord u. a. eine niemals in Frage gestellte Selbstverständlichkeit, daß stets pünktlich abgelöst wurde. Nach dem Rudertörn war auch noch der Ausguckposten für eine weitere Stunde zu besetzen.

Eindeutige gesetzliche Bestimmungen schrieben international vor, daß auf jedem Seeschiff von Sonnenuntergang bis Sonnenaufgang, meist vorn auf der Back, ein Ausguckmann gestellt werden mußte. Dieser machte den wachhabenden Offizier durch Zurufe auf alle in Sicht kommenden Lichter, an Bord »Feuer« genannt, aufmerksam.

Da auch der Wachhabende ständig Ausguck hielt, war die Gefahr eines Zusammenstoßes mit einem anderen Seefahrzeug erheblich gemindert. Während der Nacht hatte man ganz besonders auf andere Segelschiffe zu achten, weil eben die für diese Schiffsart vorgeschriebenen Positionslampen sehr schlecht zu sehen waren. Zur Herabsetzung der Kollisionsgefahr wurde später eine verbesserte Postionsbeleuchtung eingeführt. Heutzutage führen Segler am Fockmast zwei zusätzliche Lampen (rot über grün).

Im Verlaufe der ersten Wochen hatten wir Schiffsjungen schon einige seemännische Kenntnisse und Fertigkeiten erlernen können. Wir waren inzwischen an das Klettern in der hohen, stets schwankenden Tagelage gewöhnt, ohne dabei schwindelig oder unsicher zu werden. Wir wußten, was zu beachten und gegebenenfalls sofort zu erledigen war. für diese Arbeiten beherrschten wir auch schon die wichtigsten seemännischen Knoten. Einen Grundsatz, der für alle Arbeiten auf See galt, hatte man uns gründlichst eingebleut: »Eine Hand für das Schiff und eine Hand für mich!« Aus Sicherheitsgründen durften nur Schuhe mit Absätzen getragen werden und statt der sonst üblichen Hosenträger erfüllte ein Bauchriemen denselben Zweck. An einen solchen Riemen, war leicht ein Messer mit Scheide zu befestigen. Es wäre oben in den Toppen unmöglich gewesen, ein Taschenmesser zu benutzen, weil man sich schließlich immer mit einer Hand festhalten mußte. Außerdem wäre man bei dem häufigen Klettern in der Takelage mit Hosenträgern leicht irgendwo hängengeblieben, und das hätte gefährlich werden können. Auch an Deck mußte jeder Schiffsjunge wissen, wo und wie etwas zu erledigen war. Wir mußten uns merken, wo das von oben kommende Tauwerk, an jedem Mast etwa 40 Taue, zu befestigen war und welchem Zweck es diente. Von der Ordnung in diesem Bereich hing unter Umständen das Leben eines Bordkameraden ab. Beim täglichen abendlichen Deckaufklaren durfte keiner gleichgültig oder nachlässig handeln, weil es nachts beim Segelfestmachen schnell und ohne Störungen klappen mußte.

Mittlerweile wurden wir auch schon für leichte Arbeiten in den Toppen eingesetzt. Besonders für uns Anfänger war es immer wieder ein großes Erlebnis, wenn wir bei Sonnenschein oder in einer hellen Mondnacht den großartigen Anblick des gewaltigen Meeres von dort oben genießen konnten. Die ersten Stunden als Rudergänger erfüllten uns gleichfalls mit besonderem Stolz. Was war das doch für uns Jungen für ein herrliches Gefühl, den großen Segler allein auf dem richtigen Kurs halten zu können.

Als ich einmal nachts allein am Ruder stand, wurde ich urplötzlich aufgeschreckt. Was war geschehen? Ein großer Wal hatte sich von hinten dem mit langsamer Fahrt laufenden Segler genähert. In unmittelbarer Nähe des Hecks hatte das Tier mit lautem Zischen und Brausen die verbrauchte Luft ausgestoßen. Es war für mich in diesem Augenbick ein ganz fürchterliches Geräusch, das in die Stille hineinbrach. Man muß bedenken, daß nachts, besonders bei nur leichtem Wind eine fast völlige Stille an Deck herrschte. Bei dem sanften Dahingleiten des Vollschiffes war nur das schwache Plätschern der Bugwellen und das leichte Säuseln des Windes wahrnehmbar. Kein Wunder also, wenn das unbekannte und unerwartete Geräusch unter diesen Umständen einen kleinen Schreck verursachte.

Tagebuch-Eintragung vom 16. September

»Haben bei günstigen Windverhältnissen am 4. September den 42. nördlichen Breitengrad erreicht.

Nachdem bei herrlichstem Wetter und bei guter Fahrt im Gebiet des Nordost-Passates sämtliche Segel gewechselt sowie Takelage und Stagen überholt waren, sind wir heute auf 11 Grad Nord-Breite angelangt.«

Die zunehmend tropischen Temperaturen erschwerten allen Männern der Besatzung das Leben und die Arbeit. Die Wassertemperaturen lagen bei 30 Grad Celsius. Das angenehme Segelwetter im Passatbereich hatten wir hinter uns. Nunmehr durchliefen wir die heißen und meist windstillen Mallungen in der Nähe des Äquators.

In den Passatgebieten weht fast ständig ein frischer und gleichmäßiger Nordostwind mit einer Stärke von vier bis fünf Beaufort. Alle besonderen Segelmanöver entfielen, nachdem die Rahen in die günstigste Segelstellung gebracht waren. Nirgendwo im Ozean ist das Leben auf einem Großsegler so angenehm wie in diesen Bereichen. Das hängt vereinfacht gesagt damit zusammen, daß sich am Äquator die unteren Luftmassen stark erwärmen und in die Höhe steigen. Von den Polen her strömt am Boden nunmehr kühle Luft in diese Region, während in den hohen Schichten die warme Luft als Ausgleichseffekt nach Norden abfließt. Durch die Erdumdrehung wird im Norden der Luftstrom nach rechts und im Süden nach links abgelenkt, also auf Nordost und im Süden auf Südost. Diese angenehmen und beständigen Wetterlagen treten überwiegend im Atlantik auf. In der Nähe des Äquators zwischen 25 Grad Nord und 25 Grad Süd liegt ein Gürtel mit Windstillen, sehr schwachen und oft umlaufenden Winden, der sogenannte Kalmengürtel, die Mallungen der deutschen oder die Doldrums der englischen Seeleute.

Nördlich und südlich dieses Bereiches beginnen die Passatregionen. Im Pazifik herrschen Monsun-Wetterlagen vor, welche durch die unterschiedliche Erwärmung von Land und Meer entstehen. Die Nordost- und Südostpassatgebiete sind still und friedlich. Segelschiffbesatzungen können ohne Sorgen und ohne Überraschungen diese ganzjährig sommerlichen Seeräume passieren. Wenn man irgendwo auf der Welt dem Wetter trauen kann, dann im Passat.

Mancher Leser wird nun fragen, wie und auf welche Art auf so langen Reisen die Freizeit gestaltet wurde? Das ist jedoch ziemlich einfach zu beantworten, weil bei der zwölfstündigen Arbeitszeit nur wenig freie Zeit zur Verfügung stand. Selbstverständlich wurden die verbleibenden freien Stunden immer möglichst sinnvoll genutzt.

Durch den gegenseitigen Austausch von Büchern und Zeitschriften fand sich nahezu für jeden an Bord manch guter Lesestoff. Bei entsprechendem Wetter sangen alle zu den Klängen eines Schifferklaviers fröhliche Lieder. Bei einiger Phantasie kann man es sich gut vorstellen, daß die Gesangsabende in der milden Tropenluft und unter den gewaltigen Segelpyramiden bei hellem Mondschein in recht romantischer Stimmung verliefen. Die lebensfrohen, meist jungen Menschen nutzten jede Gelegenheit für eine belebende Abwechslung. Nicht zuletzt waren Box- und Ringkämpfe wie auch das Kartenspielen an Bord sehr beliebt. Es versteht sich von selbst, daß alle Kämpfe – unter der Aufsicht vieler Zuschauer – fair ausgetragen wurden. Sehr oft trugen auch mancherlei kleine Scherze zur allgemeinen Belustigung bei. So erschienen zum Beispiel an Sonntagen, wenn nicht mit besonderen Arbeiten zu rechnen war, die Rudergänger mit Schlips und Kragen und im Sonntagsanzug am Ruder. Dabei fielen die verschiedenartigsten Haarschnitte auf. Es gab Kahlschnitte mit einem Haarbüschel in der Mitte, nur linke und rechte Seiten waren kahlgeschoren oder ein längs oder quer verlaufender Haarstreifen zierte den Kopf. Die einzelnen »Darsteller« wurden natürlich stets mit lautem und fröhlichem Trubel begrüßt.

Während der Freiwache legten sich einige Janmaaten in das Netz des Klüverbaums, um bei dem leichten Rauschen des Wassers zu träumen oder ein Nickerchen an der frischen Luft zu machen. Zuweilen versuchte man auch mit einem Blinker einen Raubfisch zu angeln, und manchmal hatten die Angler sogar einen Bonito, einen hechtartigen Raubfisch an der Schnur. Weil er gut schmeckte war er sehr beliebt.

Jeder versuchte auf seine Art, sich einen erholsamen Zeitvertreib zu verschaffen. Es war sehr unterhaltsam und für uns Jungen unerhört spannend, wenn von Erlebnissen auf früheren Reisen erzählt wurde. Nicht selten wurde Seemannsgarn gesponnen. So berichtete der schon etwas ältere, smarte Matrose Alfred öfter von seinen Fahrten als Quartermeister (Steuerer) auf Musikdampfern, wie die größeren Luxusschiffe in Fachkreisen genannt wurden. »Ihr könnt Euch nicht vorstellen«, begann er einmal, »welche Bequemlichkeiten man an Bord solcher Schiffe hat. Während wir hier zum Frühstück unser Hartbrot im Kaffee aufweichen müssen und nur etwas Margarine dazu haben, konnten wir damals schon morgens frische Brötchen mit Butter erhalten. Wenn ich daran denke, tut es mir leid, auf diesem alten Windjammer angemustert zu haben. Aber das Geld war alle, und ich mußte wieder los.«

Die Klöhnstunden, ob es sich dabei nun um wahre Begebenheiten gehandelt hat oder um dick aufgetragene Geschichten, wurden von allen Sailors mit großem Interesse aufgenommen. Die Stunden trugen sehr zur Abwechslung und zur Unterbrechung des sonst täglichen Einerleis bei.

Manchmal ergab sich auch die Gelegenheit, den alten Segelmacher zu beobachten, wenn dieser abends stundenlang an Deck saß und auf fliegende Fische wartete. Die Fische fliegen beziehungsweise flattern auf der Flucht vor Raubfischen etwa 50 bis 100 Meter von Wellenkamm zu Wellenkamm. Manchmal landeten sie dabei auf dem Deck eines schräg liegenden Seglers. Bei dem monotonen Speisezettel war dem Segelmacher ein zusätzliches schmackhaftes Fischgericht sehr willkommen.

Wir Jungen schlichen uns bei solchen Gelegenheiten in die Nähe des angespannt Wartenden und erzeugten mit unserem ledernen Bauchriemen ein klatschendes Geräusch, welches dem Aufprall eines Fisches ähnelte. Der Segelmacher sprang hinzu, aber fand natürlich nichts, bis er nach ergebnislosem Suchen mißtrauisch wurde und uns drohend aus unserem Versteck verjagte. Ausgesprochene Bastlernaturen präparierten fliegende Fische, Haifischflossen und Seevögel als Mitbringsel für die Lieben in der Heimat. Zur Freizeitbeschäftigung gehörte häufig der Bau von Schiffsmodellen und Flaschenschiffen. Schließlich wurden aus altem Tauwerk Plattingstreifen geflochten, um daraus Segeltuchschuhe für den eigenen Bedarf herzustellen.

Nebenbei erforderte die Reinigung und Instandhaltung der einzelnen Kleidungs- und Wäschestücke sehr viel Zeit. Die meisten Seeleute waren arm und die notwendige Ausrüstung daher knapp bemessen. Kein Wunder also, wenn die Mannschaft überwiegend geflickte Sachen trug.

Während des Passatwetters mußten natürlich die täglichen Arbeiten auch verrichtet werden. Da wurden sämtliche Segel ausgewechselt. Im schwachwindigen, oft windstillen Bereich des Äquators würden die Segel, die für Schlechtwetterzonen bestimmt waren, sonst durch die starke Sonneneinstrahlung und durch das ständige Hin- und Herflattern nur unnötig strapaziert. Als Sturmsegel konnten sie dann nicht mehr verwendet werden. Im Verlaufe einer Woche konnten wir diese recht aufwendige Arbeit hinter uns bringen.

Bei einer mittleren Fahrtgeschwindigkeit von fünf Seemeilen pro Stunde (1 sm = 1 852 m) ging es langsam, aber stetig südwärts. Bei günstigem achterlichen Wind und Windstärken zwischen acht und zehn Beaufort legte unsere brave alte LANDKIRCHEN sogar mehr als 240 Seemeilen pro Tag zurück. Es ist wohl verständlich, wenn bei solch einer Fahrt, die nur im Bereich der braven Westwinde möglich ist, die südlich vom 40. Breitengrad auftreten, alle Männer an Bord in bester Stimmung waren.

Seit dem 26. September traten bei Windstillen und meist sehr schwachen Winden verbreitet gewittrige Schauer auf. Wir befanden uns mitten im Kalmengürtel. Hier verging kaum eine Stunde, in der nicht bei brütender Hitze die schweren Rahen hin und her gebraßt werden mußten. Jede Mütze voll Wind, wie es in der Sprache des Seemanns heißt, mußte in dem großräumigen Flautengebiet durch günstige Segelstellungen ausgenutzt werden. An manchen Tagen kamen wir kaum vom Fleck, dafür rollte das Schiff in der durcheinander laufenden Dünung. Dadurch kam es zu einem ununterbrochenen monotonen Klatschen der Segel; der fehlende Winddruck ließ sie locker herabhängen. Das Ächzen und Kreischen der nicht gestrafften Brassen- und Schotenblöcke verstärkte die ermüdende akustische Dauerbelastung.

Alle Mann an Bord werden aufatmen, wenn der etwa 200 Seemeilen breite Kalmengürtel durchlaufen und der angenehme Südostpassat erreicht sein wird.

Äquator-Taufe

Tagebuch-Eintragung vom 7. Oktober

»Passierten heute den Äquator. Es herrschte, wie nicht anders zu erwarten, eine unerträgliche schwüle Hitze. Verbreitet Gewitterschauer mit starken Regenfällen.«

Trotz der fast kaum zu ertragenden Temperaturen wurden umfangreiche Vorbereitungen getroffen, um mit der bevorstehenden Linientaufe eine aufmunternde Abwechslung in unsern monotonen Trott zu bringen.

Am Abend vor dem Erreichen des Äquators kam Triton, der Stellvertreter Neptuns, an Bord. Er ließ sich die Liste der Täuflinge zur Begutachtung vorlegen. Nach einem kurzen Gespräch mit dem Kapitän und nach dem Empfang der Gebühren in Form einer Flasche Weinbrand schickte der Meeresgott sich an, das Schiff wieder zu verlassen. Das Vonbordgehen wurde symbolisch dadurch angedeutet, daß achtern ein brennendes Teerfaß über die Reling geworfen wurde. Das rötlich leuchtende Feuer dieser schwimmenden Fackel flackerte in der nächtlichen Dunkelheit noch lange im Kielwasser.

Am nächsten Tag kamen Neptun und seine Gattin zur eigentlichen Taufhandlung und zur Begrüßung des Kapitäns an Bord. Beim Empfang des Meeresgottes und seiner Trabanten und während der Dauer der Amtshandlungen spielte die aus Schifferklavier und Teufelsgeige bestehende Bordkapelle muntere Weisen.

In der Begleitung des Herrscherpaares erschien der Aktuar mit einem blassen, vom Aktenstaub mehlig verfärbten Gesicht. Er trug einen Frack, dessen Schöße fast den Boden berührten, dazu karierte Hosen und einen hohen Zylinderhut. Weiterhin gehörten Hofarzt, Hofbarbier und mehrere »Ehrenjungfrauen« zum Gefolge. Den Abschluß bildeten zwei wild gestikulierende stämmige Neger, deren Haarschmuck aus Federn beim Tanz hin und her geschüttelt wurde.

Zuerst mußte sich jeder Täufling vom Hofarzt untersuchen lassen, um danach mit undefinierbaren Pillen traktiert zu werden. Die weiteren Reinigungsaktionen übernahm der bereits wartende Hofbarbier. Für das Einseifen wurde ein Handfeger und für die anschließende Rasur ein großes hölzernes Rasiermesser benutzt. Die letzte und gründlichste Reinigung erfolgte durch die beiden kräftigen Neger. Erst wenn der letzte »Kot« der nördlichen Halbkugel beseitigt war, überreichte der Meeresgott jedem der frisch getauften Seeleute einen Taufschein. Abschließend nahm Neptun die Gelegenheit wahr, um für sich und seinen Hofstaat den ihm zustehenden flüssigen Tribut vom Kapitän zu empfangen.

Am 12. Oktober hatten wir es geschafft, der Südostpassat machte sich in zunehmendem Maße bemerkbar. Im Logis der Matrosen und auch bei der Schiffsleitung besserte sich schlagartig die Stimmung. Wir waren bereits länger als zwei Monate auf See. Frischproviant wie Kartoffeln und Frischbrot waren zur Neige gegangen. Es gab nur noch Erbsen, Bohnen, Graupen und Hartbrot mit Salzfleisch oder Klippfisch. Sonntags und donnerstags, dem Seemannssonntag, erschienen zur Abwechslung Dörrkartoffeln und Corned beef auf der Back. Die Reihenfolge dieser eintönigen Mahlzeiten lag auf allen Seglern für die Dauer der Reise fest. Man wußte lange im voraus, was an einem Freitag irgend einer Woche als Mittagessen zu erwarten war, nämlich Klippfisch. Es ist daher verständlich, wenn jeder auf eigene Faust zusätzliche Delikatessen zu ergattern suchte. Hier boten sich nur Fische an. Entweder man fand zufällig einen fliegenden Fisch, der im Geschmack einem frischen Hering gleicht, oder man legte sich bei gutem Wetter mit einer Angel auf die Lauer, um einen hechtartigen Raubfisch, den Bonito, zu fangen. In jedem Falle kam man nur so, aber leiter selten, zu einem besonderen Leckerbissen.

Mit sieben Knoten Fahrt liefen wir weiter nach Süden und kamen am 20. Oktober bereits auf 20 Grad Südbreite an. Zum erstenmal sahen wir hier die sogenannten Kapvögel, die Kaptauben und Albatrosse. Sie gelten als Vorboten der unteren südlichen Breiten. Kaptauben sind fast so groß wie unsere heimatlichen Haustauben, denen sie auch in der Farbe ähneln. Schnäbel und Füße verraten den Seevogel. Diese Tiere sind oben meistens schwarz und am Bauch weiß bis grau. Die Flügel zeigen weiße Flecke. Der König der südlichen Seevögel ist jedoch der Albatros. Seine Flügelspannweite beträgt bei ausgewachsenen Tieren mindestens zwei Meter. Er hat eine graue bis braune Farbe. Es ist ein herrlicher Anblick, diesen seltenen Vogel oft stundenlang, kaum einen Meter über den Wogen dahingleiten zu sehen. Seltsamerweise wird der Albatros an Bord eines Schiffes seekrank. Beide Vogelarten kommen nur in den unteren südlichen Breiten vor.

Bei günstiger Gelegenheit, das heißt bei leichter Brise und langsamer Fahrt, gelang es einigen Bordkameraden vom Achterschiff aus, einige dieser großen Seevögel zu angeln. Zu diesem Zweck wurden drei schmale Blechstreifen zu einem Dreieck zusammengefügt. Zwei Seiten des Blechdreiecks wurden mit Speck bewickelt, und diese sogenannte Angel ließ man an einer dünnen Leine achteraus treiben. Bei der geringen Fahrt des Seglers versuchte der Vogel, im Kielwasser nach Abfällen suchend, den Speckhappen zu greifen. Dabei blieb er mit seinem scharf gekrümmten Schnabel am spitzen Winkel der Angel hängen. Eben noch über dem Wasser fliegend, landete er durch das langsame Einholen der Leine nach kurzer Zeit an Deck. Manche Fahrensleute gaben sich große Mühe, um einen dieser Riesenvögel am Leben zu erhalten, leider immer vergebens. In den meisten Fällen wurde der Albatros – trotz seines tranigen Geschmacks – in der Pfanne gebraten.

Wir näherten uns langsam, aber stetig, dem Kap der Guten Hoffnung, der Südspitze von Afrika. Es rückte also der Zeitpunkt heran, von dem an mit wechselhaftem und stürmischem Westwetter zu rechnen war.

Mann über Bord

Tagebuch-Eintragung vom 25. Oktober

»Sind auf 38 Grad Südbreite und 15 Grad Ostlänge angelangt. In der letzten Nacht ging einer unserer Kameraden bei schwerem Wetter verloren. Hugo Haberlein wurde durch eine besonders hohe See vom Oberdeck mitgenommen. Daraufhin Segelbergen mit beiden Wachen, um das Schiff anschließend sofort halsen zu können. Leider waren alle Bemühungen erfolglos. Das kalte Wasser und der hohe Seegang machten eine Rettung in der Dunkelheit unmöglich.«

Früher, als wir es ahnen konnten, hatte ein Sturmwirbel der südlichen Breiten uns mit seiner furchtbaren Gewalt erfaßt. Der Wind war plötzlich stärker, die Wolken dichter und drohender und die Wellenhöhen gewaltiger geworden. Das Donnern der Brecher wurde übertönt von dem Heulen und Pfeifen der orkanartigen harten Böen. Unvorstellbar steile Wellen überholten das Schiff, während es mit prallen Segeln und triefender Takelage durch die dunkle Sturmnacht raste. Kapitän und Besatzung beobachteten mit größter Aufmerksamkeit das unter dem gewaltigen Druck der Segel ächzend, von Brechern überflutete Schiff. Die beiden Rudergänger waren zu ihrem eigenen Schutz durch Haltetaue gesichert, damit sie bei diesem schweren Unwetter nicht über Bord gespült werden konnten. Unter diesen außergewöhnlichen Umständen durfte das Ruder nicht verlassen werden. Ein Ausfall der Steuereinrichtung hätte zu einer Katastrophe geführt. Unsere Steuereinrichtung bestand aus dem Ruderblatt, dem Ruderschaft, dem Kreuzkopf, an dem oben die Übertragungsteile befestigt waren und dem Steuerrad mit welchem ein Matrose das Schiff steuerte. Da mehrere Teile die Bewegung des Ruderblattes und somit die Steuerfähigkeit bewirkten, hing alles vom störungsfreien Funktionieren aller Teile ab. Wenn nun die Steuerung eines Schiffes, besonders eines Seglers, ausfiel, trieb es bei schwerem Wetter hilflos in dem wilden und hohen

Seegang umher. Das bedeutete allergrößte Gefahr für Schiff und Besatzung. Für uns auf dem Segler mit den hohen Masten und Rahen bestand ständig die Sorge, daß bei den unregelmäßigen und sehr heftigen und ruckartigen Schlingerbewegungen die Stengen (obere Mastteile) mit den Rahen von oben kommen konnten. Weil wir damals keine Funkanlage an Bord hatten, gab es auch keine Möglichkeiten, Hilferufe abzusetzen. Im weiteren Verlauf der Reise mußten wir eine solche katastrophale Lage bei einem Taifun im Gelben Meer erleben und mit größten Anstrengungen und viel Glück bewältigen.

Einige Matrosen der Wache und zwei Schiffsjungen suchten Schutz hinter dem Kartenhaus. Trotz des bösen Wetters schien alles klar zu gehen, bis ein schwerer Brecher über das Achterdeck hinwegfegte und die Schutzsuchenden an die Lee-Reling warf. Durch die starke Schräglage unseres Schiffes wurde Hugo von den rasenden Wassermassen dabei über Bord gespült. Bei den chaotischen Zuständen in dieser Nacht wurde der Unfall jedoch erst bemerkt, als Hugo mit einer kleinen Arbeit betraut werden sollte.

Die vorn im Logis schlafende Freiwache wurde daraufhin sofort geweckt und an Deck gerufen. Innerhalb von zehn Minuten standen alle Mann in Ölzeug und Seestiefeln klar. Durch schnell eingeleitete Vorarbeiten konnte das Schiff nach einiger Zeit durch Halsen auf Gegenkurs gelegt werden. Das ging nur langsam vor sich, weil der Segler bei dem schweren Seegang nur schwach auf die Ruderlage reagierte. Mit größter Anstrengung war vor dem schwierigen Wendemanöver die Bergung des Groß-Obermarssegels bewältigt worden.

Die Bezeichnung »halsen« bedeutet, daß man einen Segler mit dem Wind auf Gegenkurs legt. Umgekehrt, wenn man gegen den Wind eine Kursänderung vornehmen will, bezeichnet man dieses Manöver als Wende oder überstag gehen. Allerdings ist dieses Manöver bei einem Großsegler nur bei leichtem bis mäßigem Wind möglich.

Anschließend gingen alle Männer zum Festmachen des großen Segels nach oben. Beim Aufentern und bei den Arbeiten auf der Rah hielt sich jeder besonders gut fest. Das traurige

Schicksal unseres jungen Kameraden mahnte uns zur Vorsicht. Die nach dem Unfall über Bord geworfene Leuchtrettungsboje flackerte warnend in dem hohen Seegang. Jeder dachte mit Grauen an das tragische Schicksal unseres sicher schon ertrunkenen Kameraden. Denn in der stockdunklen Nacht, bei dem hohen Seegang und dem kalten Wasser war eine Rettung so gut wie aussichtslos. Nachdem wir vier Stunden an der vermuteten Unfallstelle gelegen hatten, wurde der alte Kurs wieder aufgenommen. In der ersten Zeit nach dem tragischen Unfall sprachen wir Schiffsjungen noch oft über frühere gemeinsame Erlebnisse mit dem etwas älteren Hugo; wir mochten ihn, weil er stets ein gutes kameradschaftliches Verhalten gezeigt hatte. Er war still, bescheiden und immer sehr hilfsbereit. Unser Kapitän hatte nach dem Bekanntwerden des Unfalls keine Sekunde mit dem Befehl zum Umkehren gezögert. Er ließ alle Hilfsmaßnahmen im Rahmen des Möglichen vorbereiten und sofort eine Leuchtboje mit dem daran befestigten Rettungsring über Bord werfen. Es entspräche nicht der internationalen seemännischen Pflichtauffassung auf See, wenn eine Besatzung nicht sofort helfend reagiert hätte. Einen in Not befindlichen Bordkameraden, sich selbst zu überlassen, ohne irgendwelche Hilfsmaßnahmen einzuleiten, auch bei faktisch geringer Hoffnung auf Rettung, wäre für uns undenkbar gewesen. Bei den im vorigen Jahrhundert recht rohen und eigenwilligen Schiffsführern haben einige Kapitäne ohne Bedenken in solchen Fällen ihren günstigen Kurs beibehalten, nur um eine schnelle Reise zu machen.

Das Kap der Guten Hoffnung lag seit einigen Tagen hinter uns. Für mich stand auf dem langen und stürmischen Ostkurs eine harte Zeit bevor. Meine Seestiefel waren zu klein geworden und nun hieß es, bei jedem Wetter, bei meterhohem Wasser an Deck und bei Temperaturen um null Grad, ständig in Halbschuhen den Dienst anzutreten. Die halbe Freiwache reichte kaum aus, um die Füße durch Reiben trocken und warm zu bekommen. Nach einer kurzen Ruhepause ging es dann mit den noch nassen Schuhen erneut zum Wachdienst an Deck.

Infolge des schweren Wetters und der überkommenden Brecher konnte der Ofen oft nicht geheizt werden. Eine Möglichkeit zum Trocknen der nassen Kleidungsstücke bestand also nicht. Es gab auch keine warmen Mahlzeiten; meist stand die Kombüse unter Wasser. Alle freuten sich, als sie zu einem späteren Zeitpunkt ihre Sachen lüften konnten.

Mit den Wochen, die wir auf See verbrachten, wurde die gedrückte Stimmung im Matrosenlogis keineswegs besser. Der Mangel an Abwechslung, das Zusammenleben auf engstem Raum sowie das eintönige Essen mögen dazu beigetragen haben. Meist waren es die Schiffsjungen, deren Rücken für die Launenhaftigkeit einiger Matrosen herhalten mußten. Die üblen Dinge begannen oft schon morgens um vier Uhr, wenn die mürrischen Herren Matrosen der Freiwache, die von uns Jungs geweckt werden mußten, nicht pünktlich zur Ablösung an Deck kamen. Entweder man hatte zu laut »rise – rise« gerufen, dann flog einem gleich ein Seestiefel ins Kreuz, oder aber im anderen Fall, wenn man zu leise und rücksichtsvoll weckte, und Janmaat die Zeit verschlief, setzte von zwei Seiten ein Donnerwetter ein, auch von den Leuten der eigenen Wache, weil sie zu spät abgelöst wurden. Nicht selten ging es auch bei den Mahlzeiten recht ruppig zu, dann nämlich, wenn man irgendwelche Kleinigkeiten der Tischordnung nicht beachtet hatte. Wurde aus Versehen einmal die Essenback, ein Messer oder eine Gabel verwechselt, konnte man je nach Laune mit einem Fußtritt oder einem bösen Donnerwetter rechnen. Übrigens hat das Wort »Back« gleich drei Bedeutungen, so wurden eine Eßschüssel, ein Tisch und der vordere Teil des Schiffes bezeichnet. Statt der sonst üblichen Teller benutzte jeder eine kleine tiefe Emailleback. Diese war unzerbrechlich, und bei den sehr starken Bewegungen des Schiffes, konnte daraus gegessen werden, ohne daß ein Teil der Mahlzeit verschüttet wurde.

Ohne Übertreibung kann man sagen, daß der Hund des Zweiten Offiziers mehr Rechte im Logis hatte, als wir armen Schiffsjungen. Würdige Ausnahmen unter den älteren Seeleuten waren der Hamburger Zimmermann Rogge und der aus

Leipzig-Plagwitz stammende Matrose Rudolf; sie behandelten uns gut. Beide waren eingeschriebene Mitglieder der Kommunistischen Partei Deutschlands. Im Gegensatz dazu war ein aus Königsberg kommender Seemann einer der schlimmsten Vertreter der rücksichtslosen und brutalen Matrosen. Meine erste Bekanntschaft mit ihm hatte ich schon im Hamburger Hafen, als er mich kurz vor Mitternacht aus dem Schlaf riß, weil ich das Boot säubern und ihn an Land bringen sollte. Zum Glück war das kein Regelfall, denn die Mehrzahl der im Logis wohnenden Janmaaten bemühte sich, bei allen Komplikationen kameradschaftlich und gerecht zu sein. So blieben die zwischenmenschlichen Beziehungen unter den auf engstem Raum recht primitiv lebenden Seeleuten erträglich. Nach gemeinsam überstandenen Notzeiten und Gefahren hielten die meisten bei guter Kameradschaft zusammen.

Im Verlaufe dieser Reise hatten wir nun schon so manche schwere Stunde hinter uns gebracht, und so wird man vielleicht fragen, wie es in den schwierigen Lagen bei uns mit der Angst bestellt war. Mir fällt dann immer wieder die Gegenfrage ein, die ich mir auch selbst oft gestellt habe: hatten wir eigentlich Zeit, Angst zu haben? Denn je schwerer das Wetter kam, desto mehr Arbeit mußte vom einzelnen Mann bewältigt werden. Wann sollte man da an die Angst denken? Angst hatten wir oft erst, wenn alles vorüber war. Abgesehen davon, bildet sich bei einigen Menschen, die beruflich oft die Abhängigkeit von den mächtigen Naturgewalten erleben, die Neigung zum Fatalismus aus. »Never mind«, sagten die englischen und die deutschen Seeleute, »malesch« die Araber. Menschen dieser Art bringen dadurch zum Ausdruck, daß man an der Lage der Dinge sowieso nichts ändern könne. Bei uns an Bord herrschte – auch in gefährlichen Situationen – eine optimistische Stimmung. Wir jungen Fahrensleute der LANDKIRCHEN saßen bei bösem Unwetter oft laut singend unter der Back. Unsere kräftigen und fröhlichen Stimmen übertrafen das Heulen der über uns hinwegfegenden Böen. Der durch die jugendliche Sorglosigkeit verstärkte Frohsinn ließ keinerlei Angst oder Bedenken aufkommen. Zuweilen lief einer von uns in die Foksel, um sich an der »ewigen Lampe« die Pfeife anzubrennen. Streichhölzer gab es seit einiger Zeit nicht mehr. Der ständig brennende Docht einer kleinen Tranlampe diente als Ersatz für die fehlenden Zündhölzer. Die Vorräte an Tabak und Zigaretten gingen ebenfalls zur Neige. Für einige Bordkameraden, die sich reichlich mit diesen Genußmitteln eingedeckt hatten, wurden Tabakwaren aller Art zu einem profitablen Tauschartikel. Die starken Raucher scheuten nicht davor zurück, den Inhalt ihrer Seegrasmatratzen zur Streckung ihres Tabaks zu verwenden.

In den »roaring forties«

Während der nächsten 18 Tage liefen wir im Bereich der mehr oder weniger stürmischen Westwindtrift mit unserem Segler bei guter Fahrt einen ständigen Ostkurs. Zwischen dem 40. und 60. Breitengrad wehen überwiegend westliche Winde um den ganzen Erdball herum. In Fachkreisen wird diese Zone als »roaring forties« oder »Brüllende Vierziger« bezeichnet.

Da Kap Hoorn etwa auf 56 Grad Südbreite liegt und sich die Südspitze von Afrika sogar nur bis 35 Grad Süd erstreckt, können auf der südlichen Halbkugel die Winde und Wellen, ohne durch Land gebremst zu werden, von West nach Ost die Erde umrunden. In dieser weltumspannenden Windzone, die im Süden von dem antarktischen Packeisgebiet begrenzt wird, wandern im ständigen Wechsel kräftige, durch temperaturbedingte Gegensätze entstandene Zyklonen ostwärts um die Erde herum. Dabei treten besonders im südlichen Winter orkanartige Winde und außergewöhnliche Wellenhöhen auf, nicht selten bis zu 20 Meter Höhe. Die Wellenlängen betragen dann etwa 200 Meter.

Die Eigenarten dieser Wetterecke sollten sich auch auf unserer Reise wieder einmal bestätigen. Kurz bevor wir auf 70 Grad Ostlänge unseren Kurs auf Nordost zu ändern hatten, erfaßte uns ein außergewöhnlich starker Sturmwirbel. Es schien, als ob man uns mit roher Gewalt aus dieser berüchtigten Gegend besonders eindrucksvoll verabschieden wollte.

Wie in allen gefahrendrohenden Seegebieten üblich, bereiteten wir uns noch bei Tageslicht – an Deck und in den Toppen – auf besondere Vorkommnisse gründlichst vor. Jeder normale »Puster« – so nannten wir die frischfröhlichen Wutausbrüche der Natur – konnte uns kaum gefährlich werden.

Da das Barometer permanent fiel, mußte in der kommenden Nacht mit einer beträchtlichen Zunahme des Windes gerechnet werden. Aber unsere LANDKIRCHEN hatte sich ja bisher bei allen Schlechtwetterlagen bewährt. Ein kräftiger Westwind würde uns mit jeder Stunde dem Zielhafen näher bringen.

Gegen Ende der Nachmittagswache mußte ich von 18.00 bis 19.00 Uhr am Ruder stehen. Wegen des naßkalten Wetters verschwand ich nach meiner Ablösung recht durchgefroren ganz schnell in unserem Deckshaus.

Die Sonne ging schmierig unter, die hohe Schichtbewölkung ließ sie nur als schwachen hellen Fleck erscheinen. Zur Zeit des Wachwechsels herrschte leichter Nieselregen, und bald wurden wir von einer undurchdringlichen Dunkelheit eingehüllt. Vereinzelt erblickte man die leicht phosphoreszierenden Wogenkämme, die sich auf beiden Seiten des Schiffes mit wechselnder Helligkeit zeigten. Der Wind wehte noch mäßig mit Stärke sechs bis sieben aus Nordwest. Er jagte das leicht rollende Schiff mit etwa acht Knoten Fahrt und mäßigem Summen in der Takelage vorwärts durch Dunst und Regen. Unter dem starken Druck der Segel lag unser Schiff etwas nach Steuerbord über und glitt – wie immer bei solchem Wetter – erhaben durch die dunkle Nacht. Gegen 19.00 Uhr Bordzeit, nach der üblichen Wachablösung und nach dem Ruf des wachhabenden Steuermannes: »Verfang Roar un Utkiek«, liefen alle wachfreien Männer so schnell wie möglich nach vorn in ihre Foksel, um dort das wohlverdiente Abendesssen zu empfangen. Beim Essen wurde wie so oft noch etwas über Hamburg und die Deerns geklönt. Jeder gab zum Besten, was er nach der Ankunft in der Heimat mit dem verdienten vielen Geld machen wollte. Hamburg war damals für die meisten Seeleute der beliebteste Ort. Hier fanden sie neben dem eigentlichen Zuhause immer eine gastfreundliche Unterkunft. Die damals noch nicht so vulgäre und auf Nepp eingestellte Geschäftemacherei in den Kneipen und Vergnügungsstätten, ließ überall eine gemütliche Stimmung aufkommen. Im »Ollen Peerstall« konnten Jung und Alt bei flotter Musik und gutem Getränk auf kleinen Pferden reiten oder auch abgeworfen werden, was allen Anwesenden viel Spaß bereitete. Im »Trichter«, einem modernen Varieté, wurde ein sehr unterhaltsames Programm geboten, während man in den Pausen bei vollem Restaurationsbetrieb mit einer Hamburger Deern tanzen konnte. »St. Pauli« war im In- und Ausland der Inbegriff für Freude und Gemütlichkeit, wovon die Seeleute schwärmten.

Bald gingen alle Mann der Freiwache in ihre Kojen, nachdem Ölzeug und Seestiefel für die kommende Nacht vorsorglich bereitlagen. Wir hörten noch, daß nach kurzer Zeit die Oberbramsegel weggenommen wurden, aber das kam des öfteren vor und gehörte zu den unbedeutenden kleinen Ereignissen des laufenden Wachdienstes. Von der Arbeit im frischen Seewind waren wir viel zu müde, um uns wegen dieser Maßnahmen noch große Gedanken zu machen. Aber selbst im Schlaf spürten wir später an der zunehmenden Schräglage des Schiffes, daß sich an Deck etwas Besonderes ereignete. Der draußen einsetzende Lärm wurde anfangs jedoch nur im Unterbewußtsein wahrgenommen. Etwa nach einer Stunde schien der Wind an Stärke zugenommen zu haben. Die bei solchen Gefahrenmomenten lauten und durchdringenden Kommandos, die zunehmende Hast unserer Kameraden an Deck, die mit ihren schweren Seestiefeln polternd hin- und hereilten, konnten selbst vom Müdesten nicht teilnahmslos überhört werden. Im dämmernden Halbschlaf warteten wir also schon auf das bald zu erwartende Kommando: »Beide Wachen an Deck!« Damit wurden wir, nach nur zwei Stunden Schlaf, zum Bergen der Segel herausgerufen.

Jetzt hieß es also, sich so schnell wie möglich warm und wasserdicht anzuziehen. Jeder von uns wußte, daß in solchen Fällen immer größte Eile geboten war. Bereits nach zehn Minuten stürmten alle nach draußen. An Deck empfing uns dann »Rasmus«, so nennt man an Bord die überkommenden Brecher. Unzählige Wasserduschen vertrieben sofort jede Müdigkeit. Während der Wind mit voller Sturmstärke in den Riggen heulte, standen die armdicken Stahltrossen der Wanten und Pardunen zum Brechen gespannt. Die Sichtweite betrug nur noch knapp eine halbe Seemeile. Bis zu einer Höhe von zehn Metern über der Meeresoberfläche war die Luft mit hochgewirbeltem Gischt angefüllt. Durch den rasenden Sturm

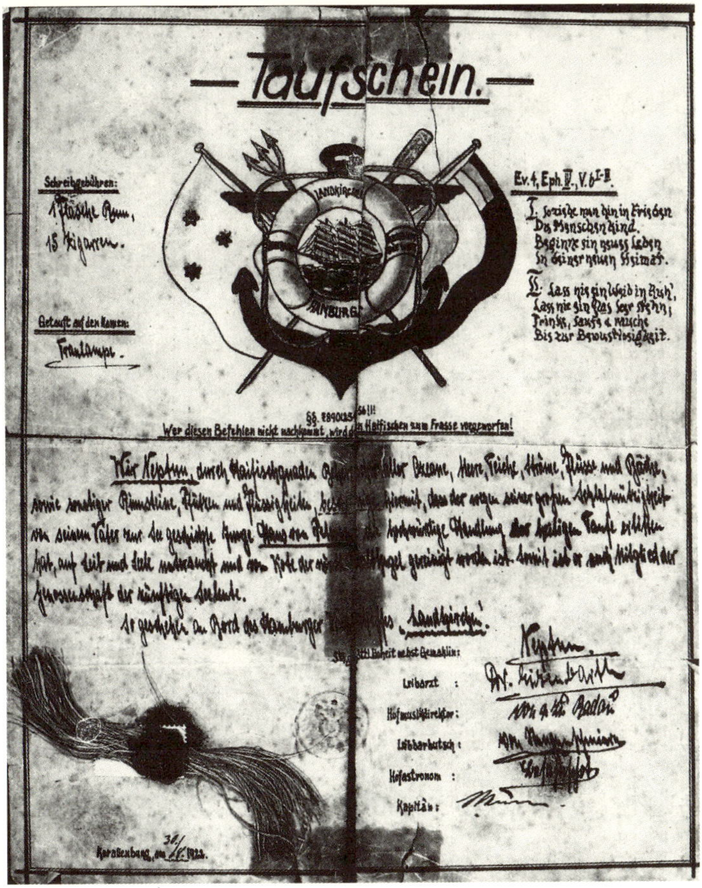
Taufschein.
Schreibgebühren:
1 Flasche Rum,
15 Zigarren.
Ev. 4, Eph. IV., V. 6 I–II
LANDKIRCHEN
HAMBURG
Getauft auf den Namen:
§§. 8890123456 !!!
Wer diesen Befehlen nicht nachkommt, wird den Haifischen zum Frasse vorgeworfen!
Kaptän:
Leibarzt:
Hofmusikdirektor:
Hofastronom:
Kapitän:

Taufschein

Großreinschiff

Matrose auf dem Klüverbaum

Die Segel werden geborgen

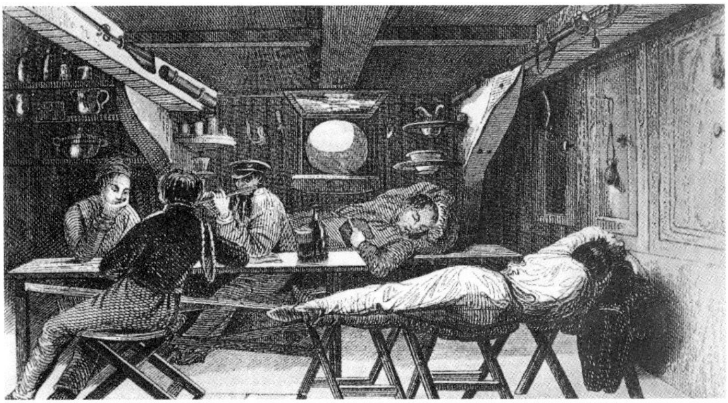

Während der Freiwache

In China. Ritt der Matrosen zur Großen Mauer, Dritter von links der Autor

Mitbringsel aus Fernost

Eine Viermastbark verläßt die Reede von Taltal

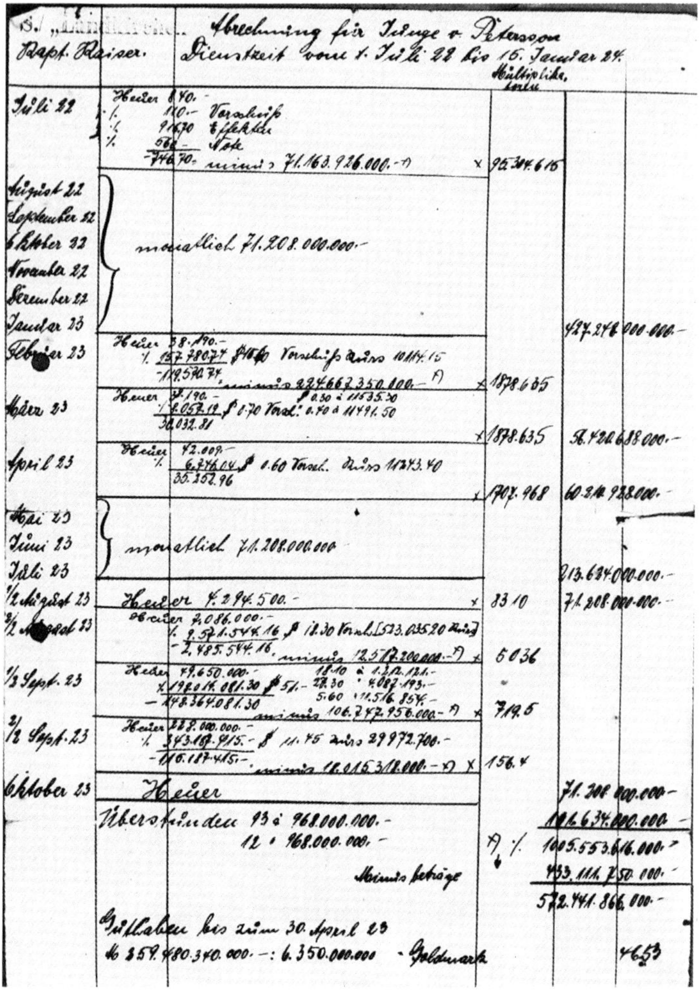
Abrechnung für Junge v. Petersson
Dienstzeit vom 1. Juli 22 bis 16. Januar 24.
Kapt. Kaiser.
Multiplikatoren

Juli 22 — Heuer 840.- ./. 120.- Vorschuß ./. 91.70 Effekten ./. 562 Tote — 746.70 minus 71.163.926.000.- × 95.304.615

August 22, September 22, Oktober 22, November 22, Dezember 22, Januar 23 — monatlich 71.208.000.000.- — 427.248.000.000.-

Februar 23 — Heuer 38.190.- ./. 157.780.74 $ 14.60 Vorschuß zum 10114.15 — 119.590.74 minus 224.662.350.000.- × 1878.635

März 23 — Heuer 37.190.- ./. 7.057.19 $ 0.70 Vorsch. $ 0.30 à 11535.30, 0.40 à 11491.50 — 30.032.81 × 1878.635 — 56.420.688.000.-

April 23 — Heuer 42.009.- ./. 6.746.04 $ 0.60 Vorsch. zum 11243.40 — 35.252.96 × 1707.968 — 60.214.928.000.-

Mai 23, Juni 23, Juli 23 — monatlich 71.208.000.000 — 213.624.000.000.-

1/2 August 23 — Heuer 7.294.500.- × 8310 — 71.208.000.000.-

2/2 August 23 — Heuer 7.086.000.- ./. 9.571.544.16 $ 18.30 Vorsch. [523.035.20 zum] — 2.485.544.16 minus 12.517.200.000.- × 5036

1/2 Sept. 23 — Heuer 79.650.000.- ./. 192.014.081.30 $ 57.- 18.10 à 1.212.121.- 22.30 à 4.087.193.- 5.60 à 11.516.854.- — 148.364.081.30 minus 106.247.956.000.- × 719.5

2/2 Sept. 23 — Heuer 228.000.000.- ./. 343.187.415.- $ 11.45 zum 29972.700.- — 115.187.415.- minus 18.015.318.000.- × 156.4

Oktober 23 — Heuer — 71.208.000.000.-

Überstunden 93 à 968.000.000.- / 12 à 968.000.000.- — 1016.634.000.000.-

./. 1005.553.616.000.-

Minusbeträge — 433.111.750.000.-

572.441.866.000.-

Guthaben bis zum 30. April 23
M 259.480.340.000.- : 6.350.000.000 = Goldmark 46.53

Abrechnung

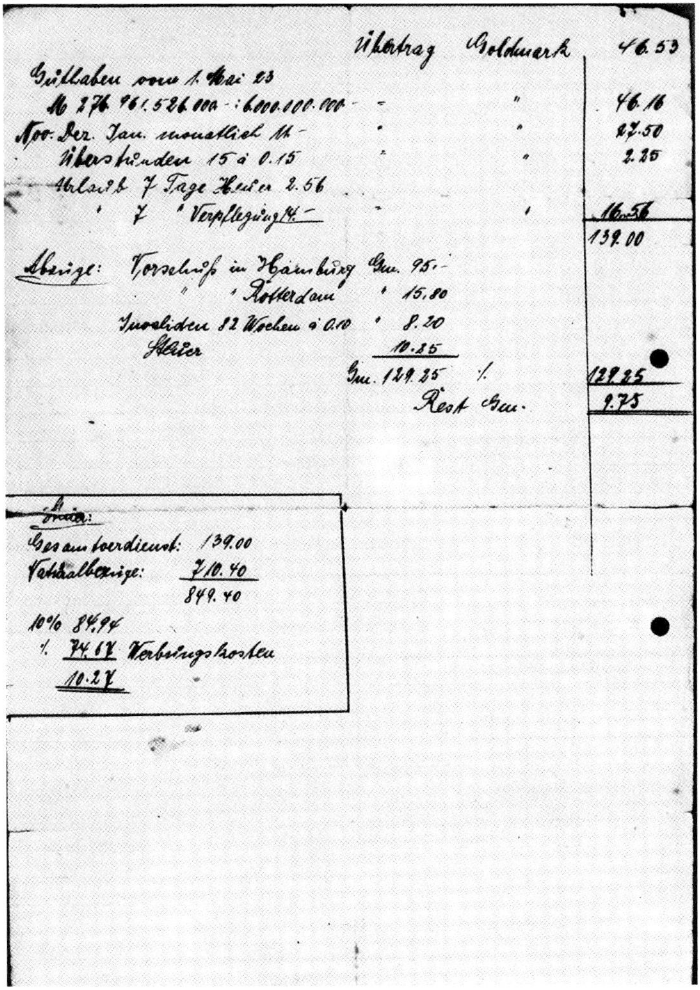
Übertrag Goldmark 46.53
Guthaben vom 1. Mai 23
M 276 961.526.000 : 6.000.000.000 = " 46.16
Nov.-Dez. Jan. monatlich M. – " " 27.50
Überstunden 15 à 0.15 " " 2.25
Urlaub 7 Tage Heuer 2.56
" 7 " Verpflegung 14.– " " 16.56
139.00
Abzüge: Vorschuß in Hamburg Gm. 95.–
" " Rotterdam " 15.80
Invaliden 82 Wochen à 0.10 " 8.20
Steuer 10.25
Gm. 129.25 ./. 129.25
Rest Gm. 9.75

Steuer:
Gesamtverdienst: 139.00
Naturalbezüge: 710.40
849.40
10% 84.94
./. 74.67 Werbungskosten
10.27

Die LANDKIRCHEN. Schlepper bugsieren sie nach Rotterdam

Die Dampfschiffahrt verdrängte die Frachtsegler immer mehr von den Weltmeeren. Auf diesem Schiff, der BAYERN, fuhr der Autor später als Offizier

wurde von jeder brechenden See Wasser mitgerissen. Die Wellen waren zu wahren Wellenbergen angewachsen. Ein fahler Schimmer erhellte das von Brechern überflutete Deck. Teilweise bis zu den Armen im Wasser stehend, mußten wir die schweren Segel aufgeien. Immer heftigere Böen und ein schwaches Blitzen hinter den Wolken kündigte den bevorstehenden Höhepunkt des Orkans an. Auf den Mastspitzen und an den äußersten Enden der Rahen zuckten matte rötliche Blitze. Es waren die sogenannten St. Elmsfeuer, die bei extremen Wetterlagen manchmal zu beobachten sind. Die Leitfähigkeit der Luft für Elektrizität rührt von den in ihr stets vorhandenen Elektrizitätsträgern oder Ionen her. Im nichtionisierten Zustand wäre die Luft wie jedes andere Gas ein Nichtleiter der Elektrizität. Die negative Oberflächenladung der Erde und die meist positive Ladung der Atmosphäre bedingen ein dauerndes Strömen der Elektrizität. Positive Ionen wandern zur Erde und negative in die Atmosphäre. Bei hohen Werten des Potentialgefälles fließt der Strom von exponierten Gegenständen an der Erdoberfläche (Blitzableiter, Mastspitzen usw.) in Büschelform oder als Glimmererscheinung in die Luft. Dieser Vorgang wurde von den Seeleuten als St. Elmsfeuer bezeichnet.

Unser braver Kamerad Hugo war in einer solchen chaotischen Sturmnacht von den schweren Brechern über Bord gespült worden. Seine Kraft hatte nicht ausgereicht, er war den rasenden und sprudelnden Wassermassen nicht gewachsen gewesen. Wie ein willenloses Bündel wurde er über Bord gerissen.

Die Fock, die wir als erstes Segel festmachten, hatte allein eine Fläche von 200 Quadratmetern. Die Schoten der großen Rahsegel wurden von daumendicken Stahldrähten gehalten. Alle diese großen Segel mußten von Deck aus durch Geitaue und Gordings erst aufgegeit werden, dadurch wurde die Unterkante des Segels an die Rah herangeholt. In diesem Stadium hängt das aufgegeite Tuch wie ein aufgeblähter gewaltiger Wulst vor und unter der Rah. Jeder wird erkennen, daß bereits an Deck eine schwere Arbeit geleistet werden mußte.

Auch wir hatten diese Vorarbeit hinter uns, und nun hieß es: »Makt fast de Sails!« Alle Mann gingen dann, meist in durchnäßtem Zeug nach oben. Das große Segel mußte von Hand fest aufgerollt und auf der Oberkante der Fockrah befestigt werden. Das klingt sehr einfach, doch der Wind war so stark, daß man nur in dem Augenblick die Wanten raufklettern konnte, wenn das Schiff nach Lee überholte. Von dem starken Winddruck wurden wir so fest gegen die Wanten gedrückt, daß wir kaum weiterkamen.

Hier oben, 12 Meter über dem Wasser, standen wir wenigstens im Trockenen, aber die zu bewältigende Arbeit war bei dem heftig rollenden Schiff sehr schwer. Jeder mußte sich gut festhalten, und alle hatten gemeinsam hart anzupacken, bis das Segel festgezurrt auf der Rah lag. Während wir alle mit äußerster Anspannung zum Festmachen des Segels über der Rah gebeugt waren, knallte es hinter uns, als wenn Böllerschüsse abgegeben worden wären. Gleichzeitig konnten wir an den hinteren Pardunen die Funken stieben sehen. Im ersten Augenblick war anzunehmen, daß eine Stenge von oben gekommen sei. Nach einiger Zeit konnten wir jedoch erkennen, daß es sich um den Bruch der Schot des Großstengestagsegels handelte. Der dicke Stahldraht knallte mit dem eisernen Schotring wie eine Peitsche umher. Zum Glück wurde das Segel nach kurzer Zeit durch den wütenden Orkan zerfetzt. Wir wären von der Leeseite der Rah sonst heruntergerissen worden. Wie so oft hatten wir Glück und kamen wohlbehalten wieder an Deck.

Unten hieß es dann sofort: »Besanschot an!« Mit anderen Worten, jeder von uns sollte nach dieser Aktion einen kräftigen Schnaps zur Stärkung erhalten. Der Alte stand achtern im Kartenhaus und füllte jedem seiner Jungen das Glas. Die meisten Kameraden waren noch ziemlich jung, und sie hatten wirklich noch keine rechte Freude am Genuß von Alkohol. In unserer abgearbeiteten Verfassung und in dem kalten und durchnäßten Zeug wurde dieser Tropfen jedoch als wirkliche Wohltat gern genommen und dabei auch als besondere Anerkennung für die außergewöhnliche Leistung empfunden. Der

Besan ist das unterste letzte Gaffelsegel am Kreuzmast. Im übertragenen Sinne heißt es also, daß alle Mann bei »Besanschot an!« nach achtern kommen müssen, in diesem Falle jedoch um eine kleine aufmunternde Belohnung abzuholen. Anschließend ging es ohne Verzögerung ans Bergen der drei Obermarssegel. Im Vor- und Kreuztopp konnten wir diese Arbeit verhältnismäßig schnell durchführen. Von der Großobermarsrah sollten wir aber nicht so schnell wieder herunterkommen.

Inzwischen war Mitternacht längst vorüber. Der Sturm wehte in der zweiten Nachthälfte unvermindert mit voller Orkanstärke. Nach dem Durchgang kräftiger Hagelböen sank die Temperatur der Luft erheblich. Es hatte den Anschein, als ob eine zweite Kaltfront unser Schiff passierte. Diesem eisigen Orkan waren wir oben in luftiger Höhe ohne den geringsten Schutz – die Südwester waren weggeflogen – für die Dauer von vier Stunden ausgesetzt.

Ein »Es-geht-nicht« gibt es bei solchen Gelegenheiten im Sprachgebrauch der Seeleute überhaupt nicht. Es hieß einfach Durchhalten, wenn auch das nasse Segeltuch gefroren und durch den gewaltigen Druck des Windes steif wie ein Brett vor einem stand. Bei vielen von uns spritzte vom harten Anpacken das Blut unter den Fingernägeln hervor. An Land kann man oft schwierigen oder gefährlichen Situationen aus dem Wege gehen. Anders auf See. Dort muß man sich den Gefahren stellen. Noch dazu auf Seglern. Hier heißt es, mit den zur Verfügung stehenden Kräften sofort handeln, um Schäden abzuwenden. Das Schiff mußte unter allen Umständen auf dem Ozean bewegungsfähig bleiben. Andernfalls würde man dem Wind und der See hilflos ausgeliefert sein. Wie viele brave Seeleute hat ein solch trauriges Schicksal ereilt? Den einen traf ein jähes Ende, einen anderen der lange Hungertod.

Nach großen Anstrengungen konnten wir das letzte Marssegel im Morgengrauen bezwingen und dann den Großtopp verlassen. So schnell wie möglich kletterten alle nach unten, um vor dem eisigen Sturm irgendwo Schutz zu suchen.

Ruders- und Ausgucksmann blieben selbstverständlich auf ihren Posten. Der Gang in das Matrosenlogis war umsonst, weil hier alles unter Wasser stand. Die am Boden stehenden Seekisten wurden hin- und hergewirbelt, während das eingedrungene Seewasser die unteren Kojen und den eisernen Ofen überspülte. Nach einer kurzen Beratung durften wir uns daher in der Segelkammer und im Salon des Kapitäns einquartieren. Der Koch brachte uns Hartbrot und Wurst zur ersten Stärkung. Die Kombüse stand vollständig unter Wasser, an warme Mahlzeiten war so schnell nicht zu denken.

Unser Kapitän und seine Offiziere erwiesen sich in solchen Situationen als sehr verständnisvoll und entgegenkommend. Diese Großzügigkeit gab es auf anderen Schiffen sehr selten. Sie zahlte sich für den Alten aus, denn wenn es darauf ankam, gingen die Männer der Besatzung für ihn durchs Feuer.

Gegen 08.00 Uhr war es heller Tag geworden, die Backbordwache hatte Freizeit bis 13.00 Uhr. Unsere Wache ging daran, die allgemeine Unordnung und die kleinen Schäden an Deck erst einmal notdürftig zu beseitigen. Da das Schiff ständig von Brechern überflutet wurde, waren diese Arbeiten mit größter Vorsicht durchzuführen. Vorsorglich hatten wir auf beiden Seiten des Decks von vorn nach achtern dicke Strecktaue gespannt. Ohne diese Sicherung hätten wir das Deck nur unter größter Lebensgefahr betreten können.

Die Zeit bis zum Mittag wurde uns – nach fünfzehnstündiger Arbeit in Kälte und Nässe – sehr lang. Man kann sich vorstellen, wie schnell wir mittags in der trockenen Segelkammer Schutz und Wärme suchten. Ein kurzer kalter Imbiß nach den überstandenen Anstrengungen, dann folgte endlich die wohlverdiente Ruhepause. Der Wind flaute etwas ab, und am nächsten Tag konnten wir unseren Unterkunftsraum – nach gründlichen Reinigungs- und Aufräumungsarbeiten – wieder bewohnen.

»Sichteten in der Morgendämmerung an Steuerbord voraus die kleine Insel St. Paul. Von See aus waren nur kahle Felsen und hohe Brandungswellen zu erkennen. Die Rennstrecke von Afrika bis zu dieser kleinen Insel lag endlich hinter uns.«

Den langen stürmischen Ostkurs im Bereich des Indischen Ozeans hatten wir nach dieser Strapaze, ohne größere Schäden zu nehmen, durchlaufen. In der Hoffnung, auf günstigere Wetterbedingungen zu treffen, konnten wir nun einen nordöstlichen Kurs einschlagen.

Die Insel St. Paul machte einen gewaltigen, aber trostlosen Eindruck. Die oberen Erhebungen der hohen kantigen Granitfelsen schienen im Licht der aufgehenden Sonne zu glühen. Im Uferbereich tobte eine schwere, hoch aufschäumende Brandung. Von einer Vegetation war aus der großen Entfernung nichts zu erkennen.

Wie erwartet, stellte sich bei weiter abflauenden Winden allmählich schönes Wetter ein. An hellen Tagen mit Sonnenschein breiteten Offiziere und Mannschaft ihre durchnäßten Sachen und das Kojenzeug auf den Decksluken zum Trocknen aus. Das normale Bordleben nahm nach einigen Tagen wieder seinen gewohnten Verlauf. Mit vollen Segeln und recht guter Fahrt ging es dem Südostpassat entgegen. Nach all' den naßkalten und stürmischen Wochen atmeten wir auf, und die Strapazen gerieten in Vergessenheit, zumal die störungsfreie Passatregion inzwischen erreicht war.

Im Schönwetterbereich der Passate und in den Mallungen wurden wieder die leichteren und schon verwitterten Segel gefahren, um die schweren neuen Sturmsegel nicht unnötig der zersetzenden harten Sonnenstrahlung auszusetzen. Sie mußten für spätere Sturmfahrten unbedingt in einem guten Zustand gehalten werden. Das Auswechseln der Segel geschah jetzt zum dritten Mal. Diese Arbeit nahm fast eine Woche in Anspruch. Auf dieser Reise war mit derartigen Großaktionen noch fünfmal zu rechnen. Hierbei hatte ich des öfteren das besondere Vergnügen, ein dickes Tau bis zur Mastspitze hochzuschleppen. Bei der großen Höhe eine anstrengende, jedoch notwendige Vorarbeit. Das Tau diente zum Herablassen beziehungsweise zum Aufbringen der auszuwechselnden Segel.

»Die Kannibalen kommen«

Bei anhaltend schönem Wetter setzten wir unsere Reise ohne bemerkenswerte Ereignisse fort. Alle rechneten mit einer angenehmen Abwechslung, als am 7. Dezember die Insel Timor morgens an Backbord voraus in Sicht kam. Am Ruder stehend, konnte ich in aller Ruhe die Annäherung an die Insel verfolgen. Es herrschte eine leichte richtungsbeständige Brise, so daß die Möglichkeit bestand, auch die weitere Umgebung ungestört zu betrachten. Mit nur geringen Ruderbewegungen konnte der Segler leicht auf dem vorgezeichneten Kurs gehalten werden. Der Erste Offizier, ein älterer behäbiger Ostfriese, stand gleichfalls auf dem Achterdeck, das Land beim Näherkommen genau beobachtend. Plötzlich rief er aufgeregt: »Die Kannibalen kommen, sagt schnell dem Kapitän Bescheid!« Er hatte gesehen, wie man auf der Insel mehrere Boote zu Wasser brachte, welche dann gleich den Kurs auf unseren Großsegler nahmen. Die Bewohner der Insel hatten unsere hohen Masten und großen Segelflächen sicher schon vor längerer Zeit bemerkt und beeilten sich, die Möglichkeit eines für sie günstigen Tauschhandels nicht zu verpassen. Man muß das Alter unseres Ersten Offiziers berücksichtigen, um seine Reaktion beim Anblick der Insulaner richtig einzuordnen. Für uns Jungs war er mit seinen mehr als sechzig Lebensjahren schon sehr alt. Er stand sicher unter dem Eindruck der Erzählungen und Berichte aus dem vorigen Jahrhundert. Zu der Zeit kam es bisweilen vor, daß europäische Schiffe in den chinesischen und asiatisch-malayischen Gewässern sowie an der Ostküste von Afrika von Piraten überfallen wurden. An der Nordwestküste Afrikas sollen zu unserer Zeit wirklich noch Kannibalen gelebt haben. Der von den ostfriesischen Inseln stammende Seemann war ein guter und gerechter Vorgesetzter. Seine außergewöhnlich hohe Stimme gab jedoch gelegentlich Anlaß zur Belustigung für die kessen Janmaaten. Bei stürmisch brausendem Wind, wenn der Erste zur Durchführung eines Segelmanövers den bereits vor dem

Achterdeck versammelten Leuten laute Befehle erteilen mußte, dann rief kurz vorher – nur für die Kameraden hörbar – ein Matrose: »Der Kapitän rief mit donnernder Stimme!«, worauf vom Ersten mit piepsender Stimme der Befehl folgte.

Der Alte erschien nach kurzer Zeit mit einer Doppelflinte, die er vorsorglich im Kartenhaus abstellte. Er beruhigte den alten Steuermann und machte ihm klar, daß in dieser Gegend wohl kaum mit Menschenfressern zu rechnen sei. Wir behielten also unseren Kurs bei und würden so die Insel in einem Abstand von zwei Seemeilen passieren. Die Entfernung zwischen uns und den Booten wurde zusehends geringer. Als sich die Eingeborenen bis auf Rufweite genähert hatten, gaben sie durch Zeichen zu erkennen, daß sie keine bösen Absichten hegten, sondern nur Tauschhandel betreiben wollten. Die voll beladenen Boote unterstrichen ihre friedliche Haltung. Ein Boot kam längsseits, und der Häuptling kletterte als erster zu uns an Deck. Er näherte sich dem Kapitän mit unterwürfigen Gebärden, küßte seinen Rockzipfel und brachte ein Huhn als Gastgeschenk.

Trotz der großen Schwierigkeiten bei der Verständigung konnten beide Partner ihr Vorhaben durch entsprechende Handzeichen zum Ausdruck bringen. Weitere Insulaner, es handelte sich um fast nackte Malayen, kamen mit schnellen katzenartigen Bewegungen an Bord geklettert. Ein tolles Rennen setzte jedoch ein, als sich unsere frei an Deck herumlaufenden großen Borstentiere mit lautem Grunzen den Eingeborenen näherten. Diese kannten nur die auf ihrer Insel vorkommenden kleinen schwarzen Schweine. Beim Anblick unserer dicken Kolosse suchten sie fluchtartig das Weite. Es blieb uns nichts anderes übrig, wir mußten die Tiere einsperren. Im Handumdrehen hatten die Besucher ihre Tauschwaren an Deck geschafft und dort ausgebreitet. Der Warenaustausch konnte also beginnen. Sehr begehrt waren bunte Kleidungsstücke und kleine Eisenwaren, wie Nadeln, Messer, Blechdosen und Drahtenden. Für einen alten Fußballdress und eine karierte Mütze erhielt ich zum Beispiel fünf Stauden

Bananen, zehn Kokosnüsse, etwa zehn Kilogramm Apfelsinen und zwei lebende Hühner. Für uns, die wir alle sehr vitaminhungrig waren, konnte es nichts Besseres geben. So schleppte jeder einige Tauschartikel herbei, um auf diese Art in den Genuß von Früchten und Frischfleisch zu kommen. Am eindrucksvollsten war für alle, besonders aber für die Schiffsjungen, das friedliche Zusammentreffen mit diesen Naturmenschen, deren Verhalten und Lebensweise etwa denen der Steinzeitmenschen entsprachen. Sie kamen mit Auslegerbooten, die sie geschickt handhabten. Ihren staunenden Blicken war zu entnehmen, daß die Mehrzahl von ihnen noch nie mit weißen Menschen und einem so großen Segler in Berührung gekommen waren. Um so überraschender war die beiderseitige gute Verständigung, wenn auch nur durch lebhafte Gestikulation.

Durch diese Begegnung erhielten wir in unserer Notlage endlich eine vitaminreiche zustätzliche Kost, denn erste Anzeichen von Skorbut und Beriberi machten sich bei den meisten Männern schon bemerkbar. Nun waren dieser Gefahr Grenzen gesetzt.

Wir litten jedoch unter dem zunehmenden Wassermangel, denn jeder erhielt schließlich nur noch vier Tassen Getränk pro Tag; es wurde als Tee ausgegeben. Bei Temperaturen um 35 Grad im Schatten reichte die kleine Menge kaum aus. Es leuchtete ein, daß damit nur der größte Durst gestillt werden konnte. Menschen, die unter normalen Verhältnissen leben, können es sich ausmalen, wie sehr man bei einem derartigen Flüssigkeitsmangel zu leiden hat. Ganz besonders schlimm war die Qual, weil Tag und Nacht bei der dauernden Hitze schwer gearbeitet werden mußte, denn die tonnenschweren Rahen und Segel mußten zur Ausnutzung der ständig wechselnden schwachen Winde sehr oft hin- und herbewegt werden. Das ganze Denken und Handeln wurde nur noch von dem kaum erträglichen Begehren nach Wasser bestimmt. Selbst im Schlaf, der in der Tropenhitze an sich schon wegen der häufigen Unterbrechungen ein Problem war, litt man unter dem Durstgefühl. Unter diesen Umständen und Verhältnissen trug jeder seine Ration in einer kleinen Flasche bei sich. Es blieb nicht aus, daß bei dem ständigen Durst manche zuerst an sich dachten und bei passender Gelegenheit auch zur Flasche des Nebenmannes griffen. Hier, unter den unerträglichen Umweltbedingungen kapitulierte sogar die Kameradschaft vor der außergewöhnlichen Gier nach Flüssigkeit. In einer ähnlichen Notlage wären wohl die meisten Menschen in die gleiche Versuchung geraten. Im Gegensatz dazu war die Kameradschaft und die Achtung vor dem Eigentum eines Anderen geradezu vorbildlich. Bei uns im Logis wurden die kleinen Schränke und Seekisten, in denen sich auch bescheidene Wertsachen befanden, nicht abgeschlossen. Die anderen Kameraden wären dadurch schwer beleidigt worden.

Das Salzwasser des Großen Ozeans hat einen Salzgehalt von etwa 35 Promille; für Zwecke der Reinigung war es nicht nur ungeeignet, sondern sogar schädlich. Nach dem Waschen oder Abspülen mit Seewasser hätten sich unangenehme Hautentzündungen gebildet.

In dieser angespannten Zeit kam es eines Tages zu einem außergewöhnlichen Zwischenfall. Der Koch hatte durch die zusätzliche Belastung – bei der Getränkeausgabe und durch die Arbeit am heißen Herd – eine Art Tropenkoller bekommen. Er sprang wild schreiend, mit einem Hackbeil in der Hand, an Deck herum. Jeden, der in seine Nähe kam, fiel er mit lautem Geschrei an. Selbst vor dem Kapitän schreckte er nicht zurück. Es gab keine andere Möglichkeit, der wild gewordene Saarländer mußte durch kräftige Männer überwältigt und in eine Zwangsjacke gesteckt werden. Nach einiger Zeit in der Isolierung kam er langsam wieder zur Ruhe.

Erscheinungen dieser Art kommen heutzutage an Bord eines Schiffes wohl nicht mehr vor. Auf den ungewöhnlich langen Seglerreisen mußte man zuweilen damit rechnen, daß ein Besatzungsmitglied »durchdrehte«. So etwas trat in der Regel nur bei einer außergewöhnlichen Belastung des betreffenden nervenschwachen Menschen auf. In unserem Fall war der Koch für die tägliche Wasserausgabe verantwortlich. Naturgemäß war er bei der allgemein gereizten Stimmung und dem heftigen Streit um mehr Wasser seitens der Besatzung, täglich bösen Nörgeleien ausgesetzt. Es war nicht so leicht für ihn, zwischen dem Pflichtgefühl und den menschlich verständlichen Forderungen der Matrosen, richtig zu entscheiden. Dieser Situation war er auf Dauer nicht gewachsen, denn nur so ist wohl sein Nervenzusammenbruch zu erklären. In diesem Stadium mußte man mit ungewöhnlichen und gefährlichen Reaktionen rechnen. Die vorübergehend eingeleiteten Zwangsmaßnahmen waren daher unvermeidlich.

Häufige Windstillen und schwache Gegenwinde bereiteten uns in der Banda-See einige Schwierigkeiten, nur langsam und unter großen Anstrengungen konnten wir diesen Seebereich durchkreuzen. Unterwegs sichteten wir viele kleine Inseln, deren üppige Vegetation wir bewunderten. Die meisten waren unbewohnt. Die mit Früchten beladenen Bäume und Sträucher standen auch dicht am Strand, und wir versuchten, die vereinzelt ins Wasser gefallenen Kokosnüsse oder Bananenstauden aufzufischen.

Manch einer dachte in seinen Tagesträumen daran, später eine dieser Inseln aufzusuchen, um hier in dem milden Klima und in der herrlichen und fruchtbaren Natur die Nachteile und Enttäuschungen der modernen Zivilisation zu vergessen. »Aussteiger« nennt man diese Menschen wohl heutzutage.

Endlich war auch die Gefahr des Verdurstens vorüber. Eines Tages stellte sich der schon so lange erwartete Regen ein. Es regnete gleich so stark, wie es nur in den Tropen üblich ist. Das Wasser stürzte eimerweise vom Himmel. Endlich konnten wir uns im Wasser tummeln. Nackend oder nur mit einem Schurz versehen, sprangen alle fröhlich an Deck herum. Diese erfrischende lauwarme Dusche wurde von allen Janmaaten mit Wohlbehagen genossen. Es ist selbstverständlich, daß vor der frisch-fröhlichen Prozedur erst einmal soviel Wasser wie möglich aufgefangen und in die Wassertanks geschleppt wurde. Das geschah durch aufgehängte große Segel. Abschließend wurden alle vom salzigen Seewasser verkrusteten Kleidungsstücke in dem so seltenen Frischwasser gründlichst ausgewaschen und ausgespült.

Bei dem anhaltenden starken Regen waren einige Tonnen Frischwasser bald gespeichert. Seine Verwendung für Speise- und Getränkezwecke im aufgekochten Zustand wurde von keinem beanstandet. Der Geschmack ließ allerdings nach einiger Zeit zu wünschen übrig.

Weihnachten unter sternklarem Tropenhimmel

Tagebuch-Eintragung vom 24. Dezember

»Passierten heute erneut den Äquator mit Nordkurs. Die Insel Halmahera konnte man an Backbord querab gut erkennen. Unser Koch scheint sich etwas erholt zu haben, denn er lief fast täglich an Deck spazieren.«

In tropischer Hitze und bei herrlichstem Sommerwetter feierten wir gemeinsam das Weihnachtsfest. Vorher mußte eines unserer fetten Schweine dafür sein Leben lassen. Es war die einzige Möglichkeit, unsere Festtafel etwas zu verbessern.

Am Heiligabend hielt der Kapitän bei einem Glas Punsch eine aufmunternde Ansprache, während einige Kerzen des künstlichen Tannenbaumes in der dunklen Tropennacht flimmerten. Selbstverständlich wurden im Verlaufe der kleinen Feierstunde auch die heimatlichen Weihnachtslieder gesungen. Das traute und auch etwas wehmütige Beisammensein konnte unter dem sternenklaren Tropenhimmel an Deck stattfinden. Unter diesen außergewöhnlichen Umständen verlief die kleine Feier sehr harmonisch. Für uns Schiffsjungen war dieses schöne Fest fern der Heimat sehr beeindruckend. Über uns hing ein unvorstellbar schöner klarer Sternenhimmel. Durch die Nähe der vielen Inseln war die Luft mild und süß, wie alter Wein. Es war ein unvergeßliches Erlebnis, unser uraltes schönes Weihnachtsfest in der fremden tropischen Umwelt feiern zu können. Meine Gedanken weilten bei der Mutter, die diesen Tag allein und einsam im Elternhaus auf dem Darß verlebte. Alle anderen Männer und die Jugendlichen der Besatzung waren in ähnlicher Art mit den nächsten in der Heimat gedanklich verbunden. Nach all' den guten und bösen Erlebnissen auf der bisherigen Reise, war in dieser wirklich stillen Nacht, so recht die Stimmung für eine tiefe innere Besinnung. An manchen späteren Weihnachtstagen während der folgenden Seefahrtszeit mußten wir oft bei schwerem Wetter oder in den gefährlichen Kriegswirren um unser Leben bangen.

Am ersten Weihnachtsfeiertag gab es zur Freude aller einen gut zubereiteten Schweinebraten. Bald stellte sich aber heraus, daß die nach Frischfleisch hungernden Männer sich bei dem seltenen Festmahl übernommen hatten. Die Hälfte der Mannschaft erkrankte am zweiten Feiertag für einige Stunden an den Folgen des ungewohnten Überflusses.

Die vom laufenden Wachdienst und von der fremden Umwelt beeinflußte Festtagsstimmung war bald verflogen, es ging weiter mit nördlichem Kurs, dem Lande der Chinesen entgegen. Am 14. Januar kamen einige der Liuhiu-Inseln in Sicht. Wir hatten somit bald das Gebiet des Gelben Meeres erreicht. Bereits nach einigen Tagen fanden wir die Bestätigung dafür, daß die Bezeichnung dieses ostchinesischen Seegebietes zu Recht besteht. Alle waren nicht wenig erstaunt, als die hell- bis dunkelblaue Färbung des Ozeanwassers plötzlich in eine gelbe bis fast kaffeebraune Tönung überging. Auf dem großen chinesischen Festland ist eine Lehmart von graugelber Farbe, auch Löß genannt, sehr verbreitet. In manchen Gegenden dieses großen Landes erreicht diese Lößschicht eine Mächtigkeit von 200 bis 300 Metern. Der Löß besteht aus kleinen Lehmpartikeln mit einer Beimischung aus groben Sandkörnern. Die einzelnen Teile dieser Mischung halten sehr fest zusammen, so daß der Löß bisweilen zum Bau von Hütten und sogar von kleinen Häusern verwendet wird. Die an der Ostküste des Landes ins Meer fließenden großen Ströme transportieren ständig große Mengen der leicht löslichen Ablagerungen ins Gelbe Meer.

Mit den nach unseren Begriffen vorsintflutlich getakelten chinesischen Dschunken sollten wir ebenfalls in Kürze Bekanntschaft machen. Durch ihr eigenartiges Aussehen erschienen sie uns wie Seefahrzeuge aus einer anderen Welt. Die Dschunken ähneln in gewisser Beziehung den Koggen des Mittelalters. Auffallend ist bei beiden Schiffstypen das besonders hohe Vor- und Achterschiff. Heck und Bug liegen dabei recht hoch über dem Wasserspiegel. Die Masten haben kleine

Rahen, die viereckigen Segel werden durch querhängende leichte Bambusstäbe gespreizt. Die Segel können von Deck aus bedient werden. Bei der bescheidenen Größe dieser Küstenfahrzeuge liegt die Tragfähigkeit zwischen 100 und 200 Tonnen. Im Vergleich zu unserem Vollschiff machten die Dschunken einen recht plumpen Eindruck.

Nach dem langen Aufenthalt in den Tropengebieten fiel es besonders den wetterabhängigen Decksleuten schwer, sich auf die kalte Witterung in den nördlichen Gewässern umzustellen. Immerhin war die Lufttemperatur bis auf wenige Grade über dem Gefrierpunkt abgesunken. Unglücklicherweise kam hinzu, daß man in dieser Jahreszeit mit einem Taifun rechnen mußte.

Wir verdanken es glücklichen Umständen und der Tüchtigkeit der ganzen Besatzung, in einem solchen orkanartigen Sturm nicht umgekommen zu sein.

Ruderschaden

Am 22. Januar, auf der Breite von Shanghai, begann der wilde Tanz dieses Unwetters mit voller Heftigkeit. Wir waren solchen Wetterlagen oft genug ausgesetzt, und wir wollten der neuen Gefahr mit der gewohnten Energie und Ausdauer begegnen. Bis auf die Untermarssegel waren alle Segel festgemacht. Wir lagen mit unserem Segler beigedreht. Nach unserem Ermessen konnte auch dieses Mal nichts schiefgehen. In einer solchen Lage muß ein Schiff so auf der See liegen, daß es Wind und Seegang schräg von vorn hat. Um dies ständig zu erreichen, mußten die beiden Rudergänger mit größter Konzentration auf Segelstellung und Kurs achten. An Fahrt voraus war dabei natürlich nicht zu denken, doch die starken Schlingerbewegungen konnten so auf ein Minimum reduziert werden. Nur das vordere Untermarssegel blieb bei solchem Wetter stehen. In dieser Sturmphase standen die aus starkem Tuch genähten Segel wie ein Brett in der Luft. Kapitän, Wachoffizier und Rudergänger blickten oft gespannt nach oben in die Takelage, ob alles an Ort und Stelle war. In einer solchen Situation war die Spannung an Bord immer sehr groß. Die geringste Nachlässigkeit konnte tödlich sein. Doch Angsthasen waren unsere Männer nicht. Der Kapitän, der bei solchem Unwetter ununterbrochen an Deck blieb, wurde naturgemäß am meisten belastet, weil er bei irgendwelchen Störungen sofort die Befehle zur Behebung der eingetretenen Schäden erteilen mußte. In der folgenden Nacht brach der Kreuzkopf der Ruderanlage, die Verbindungsstelle zwischen dem Ruderblatt und der Steuereinrichtung (dem Steuerrad), mit welcher das Ruder gelegt wird. Dadurch war es nicht mehr möglich, das Schiff auf dem Kurs zu halten. Wir trieben, ohne daran etwas ändern zu können, in dem haushohen Seegang hilflos umher. Die hohen Masten mit den schweren Rahen verstärkten die heftigen Rollbewegungen des Schiffes ungemein. Es war zu befürchten, daß sich dabei die Halterungen der Masten oder Stengen lockerten und diese über Bord kippen würden. In dieser Nacht war die Lage außergewöhnlich ernst und verzweifelt. Unser Deck wurde ständig von großen Wassermassen überflutet, so daß man nur noch unter größter Lebensgefahr von vorn nach achtern kommen konnte. Um das Schiff wieder steuerfähig zu bekommen, beschloß die Schiffsleitung, einen starken Balken auf dem Kreuzkopf zu befestigen. Doch das war leichter gesagt, als getan, denn das geeignete Langholz lag vorn im ersten Laderaum. Trotz des von Wassermassen überschwemmten Decks mußten wir beim kärglichen Licht einiger Sturmlampen die dreifach gesicherte Luke auf dem Vordeck öffnen und den langen schweren Balken an Deck schleppen. Schon der Transport des Balkens von der vorderen Luke nach achtern auf das Hochdeck war unter den geschilderten Umständen eine wahre Bravourleistung. Nun hieß es, dieses lange Holzstück auf dem sich in ständiger wackliger Drehbewegung befindlichen Kreuzkopf zu befestigen. Das erforderte, besonders bei der schwachen Beleuchtung, das ganze Können des Meisters und der helfenden Matrosen. Die schwerste und gefährlichste Vorarbeit war damit geschafft. Auf beiden Enden des Balkens wurden Taljen (Flaschenzüge) befestigt, und nunmehr war man in der Lage, das Ruderblatt in die erforderliche Richtung zu legen. Diese seltene Glanzleistung war nach vieler Mühe geglückt. Es war aber auch die einzige Möglichkeit, das Schiff wieder auf den alten Kurs zu bekommen. Allerdings mußten jetzt ständig drei Mann zur Bedienung des Ruders eingesetzt werden. Nur so konnte nach alter Seemannsart, bei der es kein »es geht nicht« gibt, der gefährliche Orkan überstanden werden.

Desertionen in Shanghai

Tagebuch-Eintragung vom 29. Januar

»Wegen eines Ruderschadens mußte Shanghai als Nothafen angelaufen werden.«

Mit großem Geschick, das heißt mit guter Seemannschaft, erreichten wir trotz der beschränkten Steuerfähigkeit die Außenreede von Shanghai, wo sich uns gleich zwei starke Bergungsschlepper näherten.

Viele dieser Bergungsfahrzeuge lagen in und vor vielen großen Häfen wie die Haie, immer zum Anpacken bereit. Es ist allzu verständlich, daß jede Schlepperbesatzung in solchen Notfällen einen möglichst hohen Bergelohn anstrebte.

Auch in unserem Falle war ein Feilschen um den Schlepplohn nicht zu vermeiden. Die Schlepper kamen auf Rufnähe heran, um unserem Kapitän die Höhe des verlangten Bergelohnes durch Zurufe mitzuteilen. Unsere Hoffnung auf Schlepperhilfe war leider vergebens. Hier draußen im Bereich der offenen See wurde ein viel zu hoher Preis gefordert. Es blieb uns nichts anderes übrig, als erneut mehr Segel zu setzen, um in die Mündung des großen Jangtse bis zur Innenreede von Shanghai zu gelangen. Nach diesem nautischen Glanzstück bekamen wir bald einen Schlepper für den halben Preis. Was es heißt, mit einem sehr manövrierbehinderten Segler bei zunehmendem Schiffsverkehr in enge Gewässer vorzudringen, erscheint selbst für einen Fachmann kaum vorstellbar. Durch die gute und zuverlässige Zusammenarbeit zwischen Schiffsleitung und Mannschaft war es möglich, diese seltene Leistung zu vollbringen.

Gemäß einer internationalen Vereinbarung zu Erhöhung der Sicherheit für alle Seefahrzeuge, werden in allen größeren Seehäfen verschiedene Typen von Bergungsfahrzeugen stationiert, die in Havariefällen sofort für Hilfeleistungen bei Seenot zur Verfügung stehen. In folgenden Fällen werden Bergungsfahrzeuge benötigt: bei Grundberührung und Maschinenschaden, bei Leckagen in der Außenhaut und ganz besonders beim Ausbruch von Feuer. Unser Segler war durch den Ruderschaden auf fremde Hilfe angewiesen. In allen Schadensfällen, die bordseitig nicht mit eigenen Mitteln zu beheben sind und damit beim Ausbleiben einer Hilfe zum Totalverlust des Schiffes führen, kann auf Bergungsschlepper nicht verzichtet werden. Bei den Bergungsreedereien handelt es sich um private Unternehmen, welche Bergungsschiffe für alle Notfälle bereithalten. Die Hilferufe von den in Not befindlichen Schiffen erfolgen heutzutage in den meisten Fällen über Funk. In unserem vorstehend geschilderten Fall kamen die Schlepper auf Rufweite heran, weil wir ein Notsignal gesetzt hatten. Je nach dem Grad der Schwierigkeit und der Situation, in welcher sich ein Schiff befindet, sowie nach dem Wert von Schiff und Ladung, wurde über die Höhe des Bergungslohnes verhandelt. Wenn Bergungsfahrzeuge von verschiedenen Eignern auftauchten, wurde diese Verhandlung zu einem wahren Kuhhandel. Heute wird der Bergelohn aufgrund internationaler Vereinbarungen festgelegt. Am besten ist ein Bergungsfahrzeug dran, wenn es durch einen glücklichen Zufall ein bereits von der Besatzung verlassenes Schiff antrifft. In solchen Fällen, die nur selten vorkommen, erhält der Bergende den Gesamtwert von Schiff und Ladung.

Eine spaßige Episode zu Anfang unseres Jahrhunderts, die sich in Wustrow auf dem Fischland zugetragen hat, berichtet von einem alten Kapitän, der gewöhnlich nur noch recht mühsam gehen konnte. Als dieser jedoch bei einem seiner täglichen Spaziergänge am Strand einen kleinen Frachtsegler in Seenot erblickte, eilte er sofort mit schnellen Schritten – fast im Trab – zum nächsten Telefon, um einer Stralsunder Bergungsreederei diesen Fall zu melden. Es war damals üblich, daß für eine solche Meldung ein gewisser Prozentsatz vom Bergungslohn gezahlt wurde.

Als das Kommando zum Festmachen der Segel kam, kletterten wir alle freudig zum Segelbergen nach oben.

Am 29. Januar brachte der Schlepper uns in den sicheren

Hafen. Viele schwere Stunden waren überstanden, nun konnten alle Schäden auf einer Werft beseitigt werden. Wir hatten außergewöhnliches Glück, denn bei einem solchen schweren Unwetter und bei Manövrierunfähigkeit des Schiffes gingen die meisten Segler unweigerlich verloren.

Das unendlich große Land mit seinen, wie es immer hieß, geheimnisvollen Menschen und deren Bräuchen lag vor uns. Jedermann an Bord war interessiert, Land und Leute, dieser für uns ganz neuen Welt kennenzulernen.

In Shanghai sah es damals auf den ersten Blick ähnlich aus wie im Berlin der Nachkriegsjahre. Die Stadt war in mehrere Sektoren aufgeteilt. Es gab einen amerikanischen, einen englischen und einen französischen Sektor. Der vernachlässigste Teil der Stadt war der chinesische Sektor. Hier lebten die Ärmsten der Armen unter unvorstellbaren Verhältnissen. Nur gelegentlich wurden die von den Europäern als Kulis diskriminierten chinesischen Hafenarbieter von den Unternehmern angefordert. Der Lohn war meist nur die so oft genannte Handvoll Reis.

Zu uns an Bord kam mittags und abends ein Chinese mit einem Essenbehälter, in dem sich ein Reisbrei befand. Dies war dann die Verpflegung der bei uns auf dem Schiff arbeitenden »Kulis«. Mitunter lagen in diesem Brei kleine Fischstückchen. Von den Leuten unserer Besatzung, die wirklich nicht verwöhnt waren, hätte keiner davon gegessen. Die ausgepreßten Tag und Nacht schuftenden Chinesen sollten mit dieser »Stärkung« zufrieden sein. Es war ein Wunder, daß bei den damaligen unvorstellbaren und primitiven hygienischen Zuständen im sogenannten Chinesenviertel keine gefährlichen Epedemien ausgebrochen sind. Zu jener Zeit, als wir mit der LANDKIRCHEN in Shanghai lagen, gehörte das chinesische Volk zu den Völkern, die kolonial versklavt waren. Die fremden Finanzmächte konnten tun und lassen, was ihnen beliebte, die Hauptsache war für sie der entsprechende Profit. In ihrer Sprache hieß das, sie gingen ihren geschäftlichen Interessen nach.

Abgesehen von den modernen Wohnhäusern fand man in

den wohlhabenden Teilen dieser Stadt große Luxushotels und mondäne Vergnügungsstätten, die nur von Weißen besucht werden durften. Die Gegenden unterschieden sich kaum von Teilen europäischer Großstädte.

Im Wohnbereich der Chinesen wurde dagegen die bittere Armut des Volkes ganz besonders deutlich sichtbar. Auffallend waren die vielen bewohnten Dschunken und vor allem die kleinen Sampans, die zu Hunderten in den Buchten und Hafenbecken lagen. Ein Sampan ist mit Längen von sechs bis acht Metern und Breiten von zwei Metern für den Einzelnen schon ein kostbarer Besitz. Damit hat er für sich und auch für die Familie eine ständige, wenn auch äußerst bescheidene Unterkunft. Auf diesen rund 15 Quadratmetern wurde auch auf kleinstem Raum gebraten und gekocht und oft mit mehr als vier Personen geschlafen. Die Kinder wurden in dieses Milieu hineingeboren und dort aufgezogen. Um überhaupt ein Wohnen zu ermöglichen, hatte man im mittleren Bereich des Bootes die Bordwand erhöht. Der obere Bereich sowie die Seitenwände wurden mit Segeltuch abgedichtet. Auf diesen primitiv eingerichteten Booten spielte sich das ganze Familienleben vieler Chinesen ab. Doch viele andere besaßen weder eine Hütte noch ein Wohnboot.

Eines Abends sahen wir einen Chinesen in Lumpen gehüllt, an einer abgelegenen Straßenecke liegen. Neben seiner »Schlafstatt« stand eine schwache Leuchte, sie sollte verhindern, daß er von Passanten überlaufen oder von kleinen Fahrzeugen überfahren wurde.

Personen und Güter wurden überwiegend von den Menschen selbst transportiert. Man erzählte uns, daß große Warenmengen mit Schubkarren oft mehr als 100 Kilometer aus dem Binnenland herangebracht wurden. Bei günstigem Wind befestigte man ein kleines Segel am Karren, um durch die Schubkraft des Windes eine kleine Erleichterung zu haben.

Aus Platzgründen wurde die LANDKIRCHEN im freien Hafenbecken einer Werft vertäut. Ein Chinese diente als Verbindungsmann zwischen Schiff und Land. Er nannte sich Sam. Tag und Nacht war er ununterbrochen bereit, Leute unserer

Besatzung mit seinem kleinen Sampan von und an Bord zu bringen. Da es in der abgelegenen Ecke keinen festen Anlegeplatz für Boote gab, schleppte der bescheidene Sam jeden Landgänger etwa zehn Meter auf seinem Rücken durch einen sumpfigen Geländestreifen.

Die Benutzung öffentlicher Verkehrsmittel mußten wir wegen der für uns rätselhaften chinesischen Schriftzeichen an den Haltestellen der Straßenbahnen aufgeben. Die Mehrzahl der Besatzungsmitglieder nutzte die Gelegenheit, um sich mit einer Rikscha durch die Gegend gondeln zu lassen. Bei diesen Fahrzeugen handelte es sich um einen Lehnstuhl auf Rädern, der von einem ausgemergelten Mann gezogen wurde. Für umgerechnet 20 Pfennig brachten uns die Rikschafahrer an jeden Ort. Ohne zusätzliche Entlohnung standen sie uns Europäern für die Dauer des Landgangs zeitlich unbegrenzt zur Verfügung. Sie warteten geduldig beim Friseur, vor dem Kino oder vor den Gaststätten so lange, bis ihr »Kunde« wieder erschien. Diese bescheidene Einnahmequelle ließen sie sich nicht entgehen, zumal Seeleute bei der Entlohnung niemals kleinlich waren. Die Rikschafahrer gehörten im damaligen China zur selben Klasse wie die Sampanbewohner. Immerhin verfügten sie über einen kleinen Besitz. Die übrige große Masse der Chinesen konnte nur ihre Arbeitskraft verkaufen, um sich und ihre Familie am Leben zu erhalten. Durch das ständige Hin- und Herlaufen, sie liefen mit ihren Kunden fast nur im Trab, waren die Rikschafahrer durchweg sehr ausgemergelt. Ausländische Kunden waren sehr beliebt, weil dann mit einer Bezahlung in Devisen gerechnet werden konnte. Der chinesische Dollar stand sehr niedrig im Kurs. Am liebsten fuhren die Rikschaleute mit uns Seeleuten umher, weil wir Mitleid hatten und es mit der Bezahlung nicht so genau nahmen. Die Bescheidenheit dieser Menschen und ihre Armut fanden bei uns allen immer ein großes Mitgefühl.

Auf einem der abendlichen Ausflüge hatten wir den Geburtstag eines unserer Matrosen sehr gefeiert, so daß unser recht angeheitertes Geburtstagskind auf der Heimfahrt in seiner Rikscha immer nach vorne kippte. Zum Glück bestand s wurde die ganze Besatzung mit einem erlebnisreichen g beschert. Für uns hatte dieser gute Mann einen weit bis zu der berühmten Chinesischen Mauer organiür diese Landpartie standen Esel zur Verfügung. Die n Reittieren hängenden Seeleute machten einen sehr nen Eindruck, zumal von einigen besonders langen die Füße fast bis zum Erdboden hinunterhingen. Der indige Ritt durch die ländliche Gegend und der Aner gewaltigen Mauer war für alle äußerst interessant. n Heimweg besichtigten wir mehrere Tempel. Die dort gen Mönche lebten sehr einfach. Ihre Kost bestand gend aus Reis und einigen Gemüsearten. Alles, was sie bensunterhalt benötigten, bezogen sie aus der eigenen rtschaft. Soweit es die Verständigung zuließ, sprachen h über Glaubensfragen, wir konnten jedoch nicht zu ollen Übereinstimmung kommen. Jedoch mußten wir en, daß materielle Fragen – im Gegensatz zu manchen Glaubensrichtungen – nur eine sehr untergeordnete pielten. Erst in den späten Abendstunden kehrten wir n unvergeßlichen Ausflug zurück.

der Beendigung der Löscharbeiten erfuhren wir, daß an der chinesischen Küste keine Ladung aufzutreiben blieb also nichts anderes übrig, als reichlich Sandbal-Bord zu nehmen. Der Sand wurde auf dem Schiffsboteilt und durch Sandsäcke und Längsschotten gesiin großer Segler kann nicht ohne Ladung oder Ballast ehen. Bei der Höhe und dem Gewicht der Masten und elage ist ohne Belastung im Unterraum keine ausrei-Stabilität vorhanden.

ch kam vom Vertreter der Reederei die Nachricht, ser Schiff den chilenischen Hafen Taltal anlaufen Die Hafentage waren schnell vergangen, und vor uns Große Ozean, den wir zu überqueren hatten, um in euen Bestimmungshafen eine Salpeterladung für n Empfang zu nehmen. Der Große oder Stille Ozean inen südlichen Regionen Wellen mit einer Höhe von 0 Metern bei Wellenlängen um 200 Meter. Die Was-

die Möglichkeit, für unseren Kameraden eine Sänfte zu mieten. Die beiden Träger der Sänfte tippelten mit ihrer »vollen« Last munter hinter uns her, bis wir vom geduldig wartenden Sam an Bord befördert wurden. Am nächsten Morgen mußten wir von dem unfreiwilligen Benutzer der Sänfte die schwersten Vorwürfe hinnehmen. Er behauptete, daß er in seinem ganzen Leben noch nie so seekrank gewesen sei wie auf dieser Tour.

Während der Hafenliegezeit desertierte fast die halbe Besatzung. Entweder hatten diese Kameraden nach den schweren Stürmen auf der Herreise Angst bekommen, oder sie wollten aus finanziellen Gründen lieber auf englischen oder amerikanischen Schiffen fahren. Statt der wertlosen deutschen Papiermark erhielt man auf diesen Schiffen die Heuer in hochwertiger Goldwährung. Da in Shanghai Dampfer-Besatzungen sehr gesucht wurden, konnten die Ausreißer bald auf einem Dampfer oder Motorschiff anmustern und dabei erhebliche Vorteile gewinnen. Abgesehen von der besseren Bezahlung hatten sie es auf diesen Schiffen nicht mehr nötig, in den Toppen zu arbeiten. Nicht zuletzt gab es auf den Dampfern eine bessere Verpflegung als auf unserem Windjammer und angenehmere Unterkünfte. Auf diesen Schiffen bewohnten nur zwei bis drei Mann eine kleine Kammer. Für die Matrosen war eine besondere Messe (Essenraum) vorhanden. Den größten Vorteil hatte man jedoch durch das Dreiwachen-System, wodurch man täglich nur acht Stunden zu arbeiten hatte. Wesentlich leichter war der Dienst für den Rudergänger. Er stand vor Wind und Wetter geschützt im Ruderhaus. Beim Steuern kam es darauf an, das Schiff auf dem richtigen Kurs zu halten, während wir Segelschiffsleute zusätzlich immer auf die Stellung der Segel zu achten hatten. Man konnte es also keinem Fahrensmann verdenken, wenn er sich einen besseren und leichteren Arbeitsplatz suchte, auch wenn er damit das Gesetz überschritt und laut Seemannsordnung straffällig wurde. Gemäß der Anmusterungsklausel musterte jeder Seemann zum Beispiel für eine Reise nach Australien oder auf unbestimmte Zeit an. Eine vorzeitige einseitige

Unterbrechung durch den Schiffsmann wurde bestraft. Für Seglermatrosen, die nach Abschluß der vorgeschriebenen Ausbildungszeit auf Segelschiffen eine Seefahrtschule zum Erwerb eines Steuermanns- oder Kapitänspatentes besuchen wollten, war es unmöglich, während der Reise auszusteigen. In diesem Fall mußten sie für immer auf ein Vorwärtskommen im Beruf verzichten. Der Vertragsbruch machte eine Qualifizierung unmöglich.

Anstelle der Ausreißer kamen neue Leute an Bord, die um jeden Preis Asien den Rücken kehren wollten. Es handelte sich um unbefahrene Männer der verschiedensten Nationalitäten. Auch für den desertierten Koch wurde ein Ersatzmann gefunden. Die allgemeine Umgangssprache war englisch. Durch die unvermeidbaren Schwierigkeiten bei der Veständigung stellen sich anfangs einige Nachteile ein. Bei den Arbeiten an Deck, aber besonders bei der Überholung der Segel und der Takelage gab es Verzögerungen. Denn zu den Sprachschwierigkeiten kam bei einigen der neuen Leute noch die Berufsfremdheit hinzu. Für uns war es manchmal recht schwer, ihnen den Inhalt und den Zweck eines Kommandos zu erklären. Doch der gute Wille war auf beiden Seiten vorhanden, und einige englische Sprachbrocken reichten zum Glück aus, um leichtere Pannen bei den seemännischen Arbeiten auszubügeln. Nach einigen Wochen hatten sich alle Neulinge bei uns eingelebt. Nun gingen die Arbeiten gemeinsam gut voran. Das Zusammenleben mit dieser internationalen Besatzung konnte nicht besser sein. Jeder war bestrebt, sein Vaterland durch gutes Verhalten würdig zu vertreten.

Am Ziel der Reise

Am 17. Februar fanden die Repara
anlage ihren Abschluß. Ohne wei
ten die notwendigen Vorbereitunge
dem Loswerfen der Leinen und n
nenreede gingen wir erneut mit
Verständlicherweise sollte der Bes
dung so bald wie möglich erreicht

Auf der Weiterreise nach Chinw
Gelbe Meer hatten wir, abgesehen
mäßig ruhiges Reisewetter.

Am 2. März erreichten wir mit u
gen endlich das Ziel unserer Reis
die Landkirchen am Liegeplatz v
schon auf uns, und so lag es nahe,
bereitungen für die Entladung be
erde bestehende Ladung wurde i
Nachtarbeit von rund 100 Chine
mittel gelöscht. Auf primitive Art
erzartige Ladung mit kleinen Kö
dig im Dauerlauf – an Land. Vi
nachts an Bord. Sie suchten sich
Nachtlager, denn eine Unterkun
Diese armen Kerle kamen aus der
Bord der Schiffe etwas Geld zu v

Der gesamte Arbeitsablauf wu
Unternehmer organisiert. Er sor
der Arbeiten und hielt auch die
bereit. Letztere bestand in den m
erwähnten Reisbrei, in welchem
den. Jeder erhielt nur eine Kelle
chen Mahl. Die verbreitete Armu
asiaten war auch in diesem
übersehen.

Aufgrund des fürsorglichen

Makle
Ausflu
ten Ri
siert. F
auf de
komisc
Kerlen
mehrst
blick d
Auf de
ansässi
überwi
zum Le
Landwi
wir auc
einer v
feststell
andere
Rolle s
von de

Nach
für uns
war. Es
last an
den ve
chert. F
in See g
der Tal
chende

Endli
daß un
sollte. I
lag der
dem n
Europa
hat in s
20 bis 3

sertiefen liegen zwischen 1000 und 5000 Meter. Nur im Bereich der Tiefseegräben im östlichen Stillen Ozean wurden Tiefen von mehr als 9000 Metern gemessen. Mit uns schien es der Stille Ozean anfangs recht gut zu meinen. Gegen Ende dieser Tour, kurz vor Erreichen des Zielhafens, wurde er uns aber fast noch zum Verhängnis.

In den frühen Morgenstunden des 5. April begaben wir uns mit vollen Segeln und günstigem Wind auf die neue Reise. Unser langer Südostkurs sollte uns über den mittleren und östlichen Teil des gewaltigen Stillen Ozeans führen. Trotz der ungünstigen Jahreszeit war das Wetter im gesamten Gebiet des Gelben Meeres recht erträglich.

Am 14. April sichteten wir die japanische Insel Kiuschiu in dunstiger Ferne an Backbord. Mit ihr kam das letzte Zipfelchen von Asien außer Sicht. Mit günstigem Wind hatten wir die unsichere Wetterecke im Gelben Meer relativ schnell hinter uns gebracht. Beim Antritt der Reise freute ich mich sehr über die in China gekauften neuen Seestiefel. Auf dieser zweiten Etappe der Reise war ich nicht mehr gezwungen, mit Halbschuhen im knietiefen eiskalten Wasser an Deck zu arbeiten. Das hatte mich an den bisherigen Schlechtwettertagen sehr bedrückt.

Der ständige südöstliche Kurs brachte uns allmählich in wärmere Regionen. Bei schönstem Sonnenschein machte die Arbeit in den Toppen wieder Spaß. Auch der vitaminreiche chinesische Proviant trug sehr zur guten Stimmung bei. Die von den Chinesen gelieferten Lebensmittel schmeckten ausgezeichnet. Schließlich trug auch der neue Gesprächsstoff mit den frisch an Bord gekommenen Besatzungsmitgliedern zur Belebung der sonst recht eintönigen Seetage bei. Jeder gab sich große Mühe, seine englischen Sprachkenntnisse zu erweitern, weil wir uns nur in dieser Sprache unterhalten konnten. Die englische Sprache war auch für das spätere Berufsleben nicht nur vorteilhaft, sondern einfach lebensnotwendig.

Durch den Pazifik

Tagebuch-Eintragung vom 23. Mai

»Durch das ungewöhnlich starke Rollen des Schiffes bei Windstille und hoher steiler Dünung aus Nordost legte sich der Segler fast 30 Grad nach Steuerbord über. Der Sandballast war übergegangen.«

Mit solchen oder ähnlichen Worten wird ein Vorgang umschrieben, der schon vielen Seefahrzeugen zum Verhängnis geworden ist. Noch heute sind Schiffe jeder Größe durch das Übergehen der Ladung außerordentlich gefährdet. Vor dem Verlassen des Hafens hatten wir alles Notwendige unternommen, um zu verhindern, daß unsere Ladung in Bewegung geriet. Trotz dieser Vorkehrungen sollten wir in eine äußerst gefährliche Situation kommen. Unsere fachmännisch ausgeführten Vorarbeiten, wie der Bau von Längsschotten und das Abdecken mit gefüllten Sandsäcken, hatten sich als nicht ausreichend erwiesen. Nach einer ungewöhnlich hohen und steilen Dünungswelle wurde das Schiff mit hartem Ruck nach Steuerbord geworfen. Der Sandballast kam ins Rutschen und durchbrach die Längsschotten. Durch das gestörte Gleichgewicht legte sich unser Segler noch weiter hart nach Steuerbord über.

Man wird es kaum für möglich halten, daß auch bei Windstille auf hoher See derartig hohe Dünungswellen entstehen. Und dennoch kommt das gar nicht so selten vor. Besonders für Segelschiffe kann diese Erscheinung gefährlich werden. Man braucht sich nur die unendlichen Weiten der Ozeane vorzustellen, und es wird einem klar, daß zum Beispiel die in mehr als 100 Seemeilen Entfernung durch einen Orkan aufgewühlten Meereswellen sich weit fortpflanzen. Es ist aber auch denkbar, daß man sich mit einem Segler im Zentrum eines künftigen Sturmwirbels befindet. Auch dann läuft unter Umständen eine sehr hohe Dünung aus wechselnden Richtungen in das ruhige Seegebiet des Zyklonenzentrums hinein. In jedem Fall ist es für ein Segelschiff schwierig, den Kurs zu ändern, weil es bei schwachem Wind oder bei Windstille kaum auf das Ruder reagiert und der hohen Dünung machtlos ausgeliefert ist. Ein Motorschiff ist besser dran, weil es in solchen Fällen ohne Behinderung den günstigsten Kurs wählen kann.

Unsere LANDKIRCHEN hätte es besser getroffen, wenn wir es mit einer Windstärke von zwei bis vier Beaufort zu tun gehabt hätten, dann nämlich wären die heftigen Rollbewegungen durch den Druck der großen Segelflächen erheblich gedämpft worden. Es gab jetzt keine andere Möglichkeit, als auf schnellstem Wege Gegenmaßnahmen einzuleiten, und das hieß: der Sand mußte unverzüglich auf die Backbordseite geschaufelt werden! Zwei Tage und zwei Nächte hatte die ganze Besatzung ohne Unterbrechung unten im Laderaum den Ballast zu trimmen und gleichmäßig zu verteilen. Nur so konnte das Schiff wieder in eine stabile Lage gebracht werden. Nach der erneuten gründlichen Sicherung der Sandmassen konnten wir die Reise ohne weitere Behinderung fortsetzen.

Auf dem südöstlichen Kurs stellte sich eine zunehmende Erwärmung des Ozeanwassers ein. Dabei blieb es nicht aus, daß sich bald Haifische in unserer Nähe tummelten. Durch die aus dem Wasser ragenden spitzen Rückenflossen waren sie leicht zu erkennen. Ähnlich wie in der Banda-See, hatten wir auch in diesem Seegebiet sehr oft Windstillen oder nur schwache Winde, so daß sich auch hier die Gelegenheit bot, einige dieser gefräßigen Bestien zu angeln. Zu diesem Zweck hatte unser tüchtiger Meister bereits früher einen daumendicken Angelhaken angefertigt. Der seltene »Sport« konnte also wieder beginnen. Mit einem Köder versehen, wurde der Haken an einem starken Stahldraht in das Wasser gelassen. Es dauerte nicht sehr lange, bis sich ein großer Hai auf den Rücken warf und gefräßig zuschnappte. Das laute Rufen des Anglers kündigte den Erfolg an. Der wild um sich peitschende Raubfisch saß am Haken fest. Mit Hilfe einer Talje wurde der um sein Leben kämpfende Haifisch an Deck gezogen. Hier erhielt er gleich eine »Zigarre«, das heißt, der Zimmermann tötete ihn, indem er ihm eine schwere hölzerne Handspake in den fauchenden Rachen rammte. Das Fleisch war ungenießbar, und es konnte für keinerlei Zwecke genutzt werden. Die über Bord geworfenen Kadaver wurden von den eigenen Artgenossen gierig verschlungen. Die in dieser Gegend vorkommenden Haie hatten eine Länge von zwei bis vier Metern und ein Gewicht von mehr als 100 Kilogramm. Die abgeschnittenen Seitenflossen fanden jedoch genügend Abnehmer. Sie wurden präpariert und zur Erinnerung mit nach Hause genommen. Es gibt heute wohl kaum noch Fahrensleute, die so seltene Trophäen besitzen.

Die große Schwanzflosse nagelte der Zimmermann vorn auf die Spitze des Klüverbaumes. Sie galt als Talismann für einen guten Reiseverlauf. Bereits in der Banda-See hatte man den Klüverbaum mit einer großen Schwanzflosse versehen. Für die hungrigen Chinesen war das ein seltener Leckerbissen. Kein Wunder also, wenn sich für diese Delikatesse bereits in Shanghai ein heimlicher Räuber interessiert hatte.

Es mag sonderbar erscheinen, aber in der damaligen Zeit glaubte man an Bord von Segelschiffen, daß nach einem geglückten Haifischfang ein günstiger Wind zu erwarten sei. Bei der Seefahrt und der Fliegerei, wo es in manchen Fällen um Leben oder Tod ging, war man leicht dem Aberglauben verfallen.

Die geschilderte grausame Behandlung der gefangenen Haie ist wahrscheinlich dadurch zu erklären, daß diese gefräßigen Ungeheuer von allen Seeleuten sehr gehaßt wurden. Ältere Matrosen wußten davon zu berichten, unter welch tragischen Umständen mancher Bordkamerad vor ihren Augen zerrissen und getötet wurde.

Nach einer relativ langen Reisedauer passierten wir bei recht wechselhaftem Wetter am 1. Juli die Insel Tubai. Kurz danach schien sich endlich der Südostpassat einzustellen. Wir waren inzwischen 100 Tage auf See, dabei aber von unserem Zielhafen noch weit entfernt. Der in China übernommene Proviant wurde von Tag zu Tag knapper.

Da wir in Chinwangtao keine gewinnbringende Ladung bekommen hatten und die Einnahmen des Schiffes deshalb geringer geblieben waren als erwartet, sollte auf Weisung des Reeders beim Einkauf von Proviant gespart werden. Das Leben von 30 Menschen wurde achtlos aufs Spiel gesetzt. Was waren schon 30 Menschen gegen einen gehörigen Profit.

Infolge der schlechten Ernährung und des permanenten Vitaminmangels waren im Laufe der Zeit die meisten Männer der Besatzung so geschwächt, daß die Segel nur noch mit größter Anstrengung bedient werden konnten. Zwangsläufig mußten alle sonstigen Arbeiten während der folgenden Seetage unterbleiben. Die Stimmung an Bord war, der augenblicklichen Lage entsprechend, sehr schlecht. Wir wußten ja nicht, wann und ob wir überhaupt die Küste von Südamerika erreichen würden. Uns blieb nur die Hoffnung auf günstigen Wind. Aber wie schon so oft während dieser Reise, sollten unsere 30 Männer auch nach diesem Törn noch zu den Lebenden zählen. Unsere allgemeine Niedergeschlagenheit wird jeder verstehen, wenn er selbst sich länger als drei Wochen mit einer halben Tagesration hätte begnügen müssen. Der Proviantraum war bis auf kleinste Mengen Graupen, Erbsen und Bohnen fast leer. Da es kaum noch Fleischwaren gab, fielen die an sich schon knappen Mahlzeiten mehr als dürftig und mager aus. Ein Teil des Hartbrotes, das sich als eiserne Reserve in den Rettungsbooten befand, war schon verbraucht. Zum Glück hatten wir noch Wasser in den Tanks. Die Hoffnung, aus dieser mißlichen Lage befreit zu werden, war durch den ungünstigen Wind sehr gering. Die psychische Belastung und der schlechte körperliche Zustand der Besatzung können nur von denen verstanden werden, die für eine längere Zeit einen erbärmlichen Hungertod vor Augen gehabt haben.

Hurra – Land in Sicht

Tagebuch-Eintragung vom 28. Juli

»Hurra, Land in Sicht! Morgens gegen sechs Uhr konnten wir schon in der Dämmerung an Steuerbord voraus die Insel Juan Fernandez erkennen. Recht voraus zeichneten sich die schwachen Konturen der chilenischen Küste ab.«

Wohl keiner von uns wird in seinem späteren Leben so froh gewesen sein wie wir an jenem Morgen des 28. Juli 1923. Wir wußten doch alle, wie knapp der Proviant geworden war. Zuletzt ging es im wahrsten Sinne des Wortes um Sein oder Nichtsein. Wie sich später herausstellte, hatten wir beim Insichtkommen der Küste nur noch einen halben Sack Bohnen und etwas Hartbrot. Froh und voll neuer Hoffnung gingen wir kurz vor Mitternacht in einer Bucht südlich von Taltal vor Anker. Die zweite Etappe unserer Weltumsegelung und die damit verbundene Hungerzeit lagen nach 116 Tagen hinter uns.

Alle waren zu diesem Zeitpunkt so geschwächt, daß wir die notwendigen Segelmanöver bis zum 15 Seemeilen entfernten Bestimmungshafen mit dem besten Willen nicht mehr ausführen konnten. Der Kapitän mußte daher notgedrungen den günstigsten Ankerplatz aufsuchen, um auf Hilfe von Land zu warten.

Am nächsten Morgen näherte sich von der Küste her eine Barkasse. Wir alle warteten gespannt auf die Ankunft des Bootes. Lotse und Arzt, die sich auf dem Fahrzeug befanden, erkannten unsere Lage. Sie kehrten sofort um und ließen ohne große Verzögerung frischen Proviant heranschaffen.

Im Matrosenlogis war es wie in einem Löwenkäfig. Als ein Beutel mit frischen Brötchen auf dem großen Tisch ausgeschüttelt wurde, gab es kein Halten, wie hungrige Raubtiere fielen alle über die lange entbehrten Leckerbissen her. Im Laufe des Tages versuchten wir mit eigener Kraft den Anker zu hieven, um nach Taltal zu versegeln. Doch alle Mühe war vergebens. Trotz der ersten stärkenden Mahlzeit hielt unsere allgemeine Schwäche an, und wir mußten das Vorhaben aufgeben. Durch die Hilfe einiger Chilenen, die von Land herbeigeholt wurden, gelang es, den Anker aufzunehmen. Unter Ausnutzung des leichten Seewindes liefen wir dann mit kleinen Segeln näher an den Bestimmungshafen heran, um auf der Reede zu ankern.

An der chilenischen Küste ist der sogenannte Norder gefürchtet. In manchen Fällen hat dieser Nordwind zu Strandungen einiger großer Segler geführt. Da es an der chilenischen Küste keine großen Häfen gab, in denen man Schutz finden konnte, ankerten die Segelschiffe etwa ein bis zwei Seemeilen vor der Küste auf der Reede. Nur von dort aus war es möglich, notfalls schnell unter Segel zu gehen, um ohne Gefahr, draußen auf offener See, einem plötzlich einsetzenden Norder zu entgehen.

Nach einigen Tagen der Ruhe und Kräftigung begannen wir das Schiff lösch- und ladebereit zu machen. Während vorn und achtern zur Erhaltung der Stabilität bereits Salpeter geladen wurde, mußten wir mittschiffs noch den Sandballast löschen. Diese Arbeit ging nur langsam voran. Das Fehlen technischer Hilfsmittel verzögerte das Löschen sehr. Jede Tonne Sand mußte in einen Behälter geschaufelt und mit einer Handwinde über Bord gehievt und ausgekippt werden. Immerhin waren 1 000 Tonnen Sand auf diese primitive Art zu löschen. Durch das nunmehr reichliche und gute Essen nahmen die Kräfte der Mannschaft wieder zu. Langsam, aber stetig, erhöhte sich damit das Arbeitstempo. Bis zum 25. August konnte diese unumgängliche Vorarbeit beendet und die Beladung des Schiffes voll in Angriff genommen werden. Die Ladung wurde in hölzernen Leichtern längsseits gebracht. Außer unserer LANDKIRCHEN ankerten vier deutsche und einige ausländische Segler in unmittelbarer Nähe. Mit den Besatzungen der deutschen Schiffe, besonders mit den Leuten der BARMEN, hatten wir einen guten Kontakt. Das war in fremden Häfen meist so. Vor allen Dingen gab es für uns neuen

Gesprächsstoff; außerdem konnten wir unsere Literatur austauschen. Mit einem dänischen Schiffsjungen hatte ich mich besonders angefreundet. Er gehörte zur Besatzung der BARMEN und sprach sehr gut deutsch, so daß wir uns fließend über alle möglichen Dinge unterhalten konnten. In Dänemark gab es zu dieser Zeit keine seemännische Ausbildung auf Großseglern. Es fehlten den Dänen die entsprechenden Schiffe. Der Segelmacher der BARMEN, ein recht alter und besonderer Menschentyp, befaßte sich viel mit Neuerungen. Er zeigte uns mit sichtbarem Stolz eine seiner »Erfindungen«, die aus einem mit Wasser gefüllten Glasröhrchen bestand. Damit wollte er Unwetter vorhersagen. Sicher war es nicht mehr als eine Zerstreuung.

Nach der schweren Arbeit an Bord und nach den langen Seetagen war es verständlich, daß die Besatzungen aller Segler so oft wie möglich an Land gingen. Die Kuttergäste der einzelnen Schiffe brachten ihre Bordkameraden nach Feierabend mit einem Boot in den kleinen Innenhafen. In den gastfreundlichen Hafenkneipen leisteten sie sich mit ihren bescheidenen Mitteln bei Musik und Tanz einige vergnügliche Stunden.

Für mich und meinen Freund und Landsmann Ernst kam eine schöne Zeit heran. Wir wurden von jeder Arbeit an Bord befreit, um die ständige Landverbindung mit einem Boot sicherzustellen. Als Kuttergäste, so nannte man die Bootsbesatzungen, waren wir durch unsere Haltung und Leistung als Ruderer die wichtigsten Repräsentanten der LANDKIRCHEN. Nicht selten wurde auch ein englischer oder französischer Kapitän an Bord gebracht. Unser Alter zeigte sichtbaren Stolz, wenn alle Bootsmanöver beim Anlegen gut geklappt hatten. An den Werktagen ruderten wir den Kapitän vormittags an Land, um ihn kurz vor Mittag wieder abzuholen. In der Zwischenzeit hatten wir gute Gelegenheit, das lebhafte Treiben in der Nähe des kleinen Hafens zu beobachten.

Nördlich des 30. Breitengrades herrscht verbreitet große Trockenheit. Aus diesem Grunde mußten die im Norden liegenden Salpeterhäfen von Valparaiso aus auf dem Seewege mit Wasser versorgt werden. In den einzelnen Orten wurde es mit Wasserwagen ausgefahren und in kleinen Mengen zu einem recht hohen Preis verkauft. Die schlechten hygienischen Verhältnisse unter der armen Bevölkerung waren also leicht zu erklären. Nur auf der Plaza, dem Zentrum dieser Orte, wurden kleine Bäume und Sträucher in Holzbehältern aufgestellt. Sonst ist in der ganzen Umgebung weit und breit keine Vegetation anzutreffen. Der größte Teil der Wohnhäuser bestand aus armseligen Hütten, deren Wände aus den Resten von Blechkanistern erbaut waren. Tapeten gab es in den wenigsten Räumen, meist waren die Innenwände mit alten Zeitungen beklebt.

Die chilenischen Arbeiter mußten damals von Sonnenaufgang bis abends, meistens 12 Stunden täglich, arbeiten. Der Lohn reichte für ein menschenwürdiges Leben jedoch nicht aus. Die großen Kupfer- und Salpeterminen des Landes befanden sich fast ausnahmslos in den Händen des nordamerikanischen Großkapitals.

Im Gegensatz zum nördlichen Bereich Chiles zeichnete sich der Süden durch günstigere klimatische Verhältnisse und eine üppige Vegetation aus. Hier hatten sich vor langer Zeit zahlreiche deutsche Bauern angesiedelt. Im äußersten Süden wurden Fischerei und Walfang betrieben.

Bemerkenswert war die außergewöhnliche Deutschfreundlichkeit aller Chilenen. Eine kleine Wohltätigkeits-Veranstaltung brachte unsere Verbundenheit mit der örtlichen Bevölkerung zum Ausdruck. Es wurden Szenen aus dem Bordleben gezeigt und beliebte Seemannslieder gesungen. Die Stimmung aller Besucher war sehr gut. Der Erlös aus dieser bescheidenen Veranstaltung wurde dem dortigen kleinen Hospital überwiesen.

Doch nicht immer zeigten sich die deutschen Seeleute von ihrer besten Seite. Folgende Begebenheit möge veranschaulichen, wie sich trunkenes Draufgängertum und Mißachtung der Landessitten unangenehm auswirkten.

Nach der glücklichen Ankunft wurde – wie kaum anders zu erwarten – das Gelingen der zweiten großen Segeltour recht lebhaft gefeiert. Es begann mit einem Ausflug zu Pferd und

Esel in die weitere Umgebung, der abends in Taltal mit einer kleinen Nachfeier beendet werden sollte. Bei Wein und Gesang verlief alles einigermaßen planmäßig und diszipliniert. Zwei Drittel der Teilnehmer hatten sich nach der Rückkehr zur Stärkung im vorher vereinbarten Restaurant eingefunden. Der Rest der fröhlichen Ausflügler konnte sich vom süffigen Wein am Ausflugsort nicht so schnell trennen und kam später zurück. Anstatt nun die Pferde und Esel gleich beim Verleiher abzuliefern, kamen zwei Kameraden »hoch zu Roß« erst zur vereinbarten Gaststätte und dann sogar an unseren Tisch geritten. Das war möglich, weil es sich, wie in den Tropen üblich, um eine überwiegend offene Schänke ohne Außenwände handelte. Alle Anwesenden gerieten in Erregung, und der Wirt rief in seiner Bedrängnis schnellstens die Polizei herbei. Kurz darauf erschienen zwei Polizisten zu Pferde und nahmen unsere tollkühnen Reiter mit auf die Wache. Die Zurückgebliebenen faßten gemeinsam mit den Kameraden der Barmen den Entschluß, die Verhafteten zu befreien. Kurz entschlossen gingen alle zum calabus, dem Gefängnis. Unterwegs kündeten muntere Lieder von der Entschlossenheit der angeheiterten Befreier. Bei der Ankunft vor dem Polizeigebäude hatte der Wachposten – eingeschüchtert von dem sich nähernden lärmenden Haufen – sein Schilderhaus bereits verlassen. Zwei unserer Männer mit spanischen Sprachkenntnissen begaben sich als Unterhändler in das Innere der Polizeistation, um über die sofortige Freilassung der Inhaftierten zu verhandeln. Es hieß dabei kurz entschlossen: Freilassung oder Sturm auf Gefängnis!

Während der Verhandlung unterstrichen die draußen stehenden Janmaaten, es waren etwa 20 Mann, laut singend und gestikulierend ihre Absicht. Und siehe da, nach einer kurzen Verhandlungspause nahmen die unruhig wartenden Kameraden die befreiten Sailors zum Abmarsch in ihre Mitte.

Die Polizei der kleinen Stadt war den rebellierenden Schiffsbesatzungen nicht gewachsen, jedoch verfügte sie ab sofort eine starke Einschränkung der Landgangsmöglichkeiten. Von diesem Zeitpunkt an durfte jeweils nur die Hälfte einer Schiffsbesatzung an Land gehen. Von der Polizei wurde zusätzlich verlangt, daß die beiden Störenfriede, welche das Spektakel verursacht hatten, für die weitere Liegezeit unseres Schiffes ein absolutes Landgangsverbot erhielten. Damit war dieses Problem für die Dauer unseres Aufenthaltes in Taltal zur Zufriedenheit der Behörde und der Schiffsleitung erledigt.

An einem der letzten Abende hatten wir noch ein Erlebnis. Im Kreise einiger Bordkameraden saßen wir in einer kleinen Gaststätte bei einem Glas Wein. Plötzlich riefen die anwesenden Chilenen aufgeregt und laut: »Tierra morto« (Erdbeben) und liefen hinaus ins Freie. Wir hatten bis auf eine kaum spürbare Erschütterung, so gut wie nichts von einem Erdbeben bemerkt. Später verstanden wir, daß die dortigen Bewohner, durch bittere Erfahrungen gewarnt, derart spontan auf diese ersten Anzeichen reagierten. Zum Glück blieb Mutter Erde aber weiterhin ruhig.

Die Beladung unseres Schiffes ging indessen ununterbrochen weiter. Infolge der primitiven Arbeitsweise dauerte es rund vier Wochen, bis wir die gesamte Ladung an Bord hatten.

Unter dem Salpeterkreuz

Tagebuch-Eintragung vom 16. September

»Ladearbeiten beendet. Gehen kurz vor Mitternacht Anker auf und verlassen Taltal mit dem Ziel Europa.«

Nach altem Brauch mußte auf dem letzten an Bord gehievten Salpetersack einer der Schiffsjungen sitzen. Alsdann wurde das Salpeterkreuz an einer Rah aufgehängt und abends an den vier Ecken mit Lampen versehen. Für die in der Nähe liegenden Segler war es das Zeichen für die unmittelbar bevorstehende Heimreise nach Europa. Von fast allen in der Nähe liegenden Schiffen kamen daraufhin nach Feierabend mehrere Abordnungen mit ihren Booten längsseits. Jeder in See gehende Tiefseesegler wurde traditonsgemäß mit den herzlichsten Wünschen für eine gute Heimkehr bei einem fröhlichen Umtrunk verabschiedet.

Etwa gegen Mitternacht, nach dem Einsetzen des Landwindes, kam der Befehl: »Anker auf!« Unter Gesang drehten alle Männer der Decksmannschaft das auf der Back stehende Ankerspill. Zuvor wurden im Vortopp bereits einige Segel zum Setzen vorbereitet, um nach dem Aufhieven des Ankers, möglichst schnell unter Segel gehen zu können. Unter dem leichten Druck des Landwindes ging unser gutes Vollschiff langsam auf Heimatkurs.

Wir sahen von See aus noch lange die glitzernden Lichter der hinter uns liegenden gastlichen kleinen Hafenstadt. Mancher dachte wehmütig an die dort verlebten frohen und schönen Stunden zurück, die wir in bester Erinnerung behielten. Sie waren wirklich eine angenehme Unterbrechung der vielen Seetage.

Bei störungsfreiem Wetter treten an vielen Küsten der Tropengebiete regelmäßig Land- und Seewinde auf. Nach der morgens einsetzenden kräftigen Erwärmung der Landmassen, stellt sich der kühlende Seewind gegen 10.00 Uhr vormittags

ein, um gegen 22.00 Uhr nach der landseitigen Abkühlung, in eine milde ablandige Luftströmung überzugehen. An manchen Sommertagen ist dieser Effekt in abgeschwächter Form auch an unserer heimatlichen Küste zu beobachten.

Fast gleichzeitig mit uns trat das Hamburger Vollschiff Barmen die Heimreise an. Auf beiden Seglern hatten bereits in der Dämmerung die ersten Vorbereitungsarbeiten für den Antritt der Fahrt begonnen. Vier Mann von uns machten die Masten klar, damit die Segel schnell gesetzt werden konnten. Die anderen Seeleute begannen mit dem Aufhieven des schweren Stockankers. Wir benötigten etwa drei Stunden, bis der Anker vorn auf der Back an dem dafür bestimmten Platz sicher abgelegt war. Kurz bevor der Anker vom Meeresgrund frei kam, stand bereits das Voruntermarssegel, und das Schiff drehte sich durch den leichten Druck dieses Segels ganz langsam seewärts. Die Heimreise hatte begonnen. Beim Passieren der Barmen winkten sich die Männer unserer beiden Schiffe zum Abschied zu. Am ersten Tag hatten wir den Segler noch voraus in Sicht. Im Verlaufe der nächsten Stunden waren wir bereits so weit voneinander entfernt, daß wir von der Barmen nichts mehr sehen konnten. Für uns sollte das Schiff mit den Kameraden an Bord leider für immer außer Sicht bleiben. Später – im Heimathafen – erfuhren wir, daß die Barmen nie angekommen ist, sondern auf See verschollen blieb. Jeder von uns dachte mit Trauer an die in Chile liebgewonnenen Kameraden. In der Öffentlichkeit wurde davon, wie leider bei den meisten Unglücksfällen auf See, kaum Notiz genommen.

Kurz vor unserer Abreise aus Taltal hatten wir die Nachricht erhalten, die Azoren-Insel St. Miguel für weitere Order anzulaufen. Demzufolge sollten wir erst dort durch Flaggensignale unseren eigentlichen Bestimmungshafen erfahren. Der kleine Ort St. Miguel liegt auf einer der westlichen Azoren-Inseln, rund 900 Seemeilen vor dem Ärmelkanal.

Kap Hoorn an Backbord passiert

Tagebuch-Eintragung vom 14. Oktober

»Ohne besondere Vorkommnisse sind wir auf 50 Grad Südbreite angelangt. Bei meist klarem Wetter wurde es langsam kälter.«

Hier unten in der Nähe des rauhen Kap Hoorn waren Ort und Zeit gekommen, um dem „Scheuerteufel" an Bord uneingeschränkt freie Hand zu lassen. Denn auf jedem Schiff, welches von der Westküste Südamerikas nach Europa unterwegs war, begann hier ein tolles Großreinemachen. Während der nächsten vier bis sechs Wochen mußten sämtliche Holzteile und besonders das große hölzerne Deck sauber gescheuert werden. Die mit Sand bestreuten Planken wurden solange mit Mauersteinen bearbeitet, bis das Holz seine Naturfarbe wieder erhielt. Das ging sehr langsam vor sich, zumal häufige Segelmanöver und Schlechtwettertage diese Arbeit des öfteren verzögerten. Recht unangenehm war das Scheuern der senkrechten Teakholzwände des Kartenhauses, weil einem dabei ständig das Wasser in die Ärmel lief. Außerdem mußte man viel Kraft aufwenden, um die schwer zugänglichen oberen Teile des Hauses sauber zu bekommen. Es dauerte einige Tage, bis wir mit »all hands« unseren Auftrag zur Zufriedenheit des Bootsmannes erledigt hatten. Für das Reinigen von zwei Quadratmetern benötigte ein Mann etwa sechs Stunden mühseliger und monotoner Arbeit. Man fragt sich, warum man uns nicht Ätzmittel zur Verfügung gestellt hatte. Doch wie immer und überall, es mußte gespart und das Holz geschont werden. Außerdem war ja genug Zeit vorhanden. Möglicherweise mag auch eine gute Absicht bestanden haben, weil man uns nach alter Tradition unbedingt zur Härte und Ausdauer erziehen wollte.

Wind und Wetter waren uns während des bisherigen Reiseverlaufes recht günstig gesonnen. Ohne besondere Verzögerungen hatten wir vier Wochen nach dem Verlassen des Salpeterhafens die berüchtigte Kap-Hoorn-Region erreicht. Nach dem langen Aufenthalt in den tropischen Zonen empfanden alle die zunehmende Abkühlung am südlichsten Ende der Welt als recht unangenehm. Der häufige Wechsel des Klimas wirkte sich auf die Gesundheit der Besatzung oft nachteilig aus. Auf der Heimreise ging man jedoch leichter über diese unangenehmen Begleiterscheinungen hinweg, weil wegen der baldigen Ankunft in der Heimat alles in einem günstigeren Licht erschien. Außerdem war die Umseglung Südamerikas von West nach Ost infolge der vorherrschenden Westwinde erheblich einfacher als umgekehrt. Wenn man das Kap im südlichen Winter von Ost nach West umrunden mußte, trafen die Segler auf eisige Stürme mit lang andauernden Schneefällen. Die Sicht war schlecht und ständig mußte man mit Treibeisfeldern rechnen. Bei ungewöhnlich hohem Seegang stand das Deck immer unter Wasser. Das Tauwerk an Deck und in den Toppen vereiste. Es kostete viel Mühe, sich dort oben in der Takelage festzuhalten und dabei auch noch zu arbeiten. Die andauernde Kälte war das größte Übel, und wegen des ständig überfluteten Decks war weder an ein warmes Essen, noch an eine warme Unterkunft zu denken. Bei dem häufigen Unwetter konnte kein Ofen in Brand gesetzt werden. Durch anhaltende Stürme aus westlichen Richtungen kam das Schiff kaum von der Stelle. Die Navigation war ungewöhnlich erschwert, weil weder Sonne noch Sterne zu sehen waren, die auf See für die astronomische Ortsbestimmung aber unerläßlich waren. So wußte man an manchen Tagen nicht, wo man sich befand.

Am 19. Oktober hatten wir Kap Hoorn hinter uns und konnten beim dortigen Frühlingswetter mit günstigem achterlichen Wind einen zügigen Nordkurs aufnehmen. Doch schon am nächsten Tage sprang der Wind nach starkem Auffrischen um. Harte Böen aus Nordost mit Schnee- und Hagelschauern setzten ein. Zwangsläufig hieß es dann: Bramsegel wegnehmen und gegen den Wind aufkreuzen.

»Im Verlaufe einiger kräftiger Böen drehte der Wind wieder auf Südwest zurück. Können mit vollen Segeln und guter Fahrt den Heimatkurs erneut aufnehmen.«

Die ungemütlichste Ecke dieser Reise hatten wir hinter uns gebracht. Trotz einiger Schlechtwettertage konnten wir Heimkehrer uns über den Wettergott nicht beklagen. Manches Segelschiff hat für die Umrundung Südamerikas bei schwerstem Wetter länger als fünf Wochen benötigt. Viele gingen dabei mit Mann und Maus verloren. Im günstigsten Falle mußten sie umkehren und ihre erlittenen Schäden in einem südamerikanischen Hafen erst einmal beseitigen lassen. Für die Besatzung der LANDKIRCHEN war nun ein Ende der Weltreise abzusehen. Der frische Proviant und die fleißigen Bemühungen unseres Kochs trugen nicht wenig zu der allgemeinen Zufriedenheit bei.

Bis zum 4. November erreichten wir den 15. südlichen Breitengrad und gelangten in den Bereich des für uns günstigen Südostpassats. Die vorangegangenen häufigen Windstillen und umlaufenden Winde brachten zeitweilig viel Arbeit, aber sie trugen nicht zu einer außergewöhnlichen Verlängerung der Reisedauer bei.

Wie kaum ein anderer Beruf ist der des Seemanns auf einem Segler von Wind und Wetter abhängig. Bei stürmischer und kalter Witterung, besonders nachts, können sich die meisten arbeitenden Menschen in ihre vier Wände zurückziehen und am warmen Ofen sicheren Schutz suchen. Im Gegensatz dazu beginnt dann für den Seemann, besonders aber für den Segelschiffer, der harte Kampf mit den Naturgewalten. Vielleicht ist es nicht von der Hand zu weisen, daß dadurch an Bord der alten Segler die Neigung zum Aberglauben und die Abhängigkeit von Vorahnungen recht verbreitet waren. Zu jener Zeit kam es auf Seglern oft vor, daß der Kapitän in kritischen Situationen kleine Opfer brachte. Mit den Worten: »För goden Wind«, wurden wertvolle Sachen über Bord geworfen, in dem Glauben, dadurch eine Verbesserung der Lage zu erreichen. Weiter vorn wurde bereits darauf hingewiesen, daß Menschen, die in einem hohen Maße vom Zufall oder von den Naturgewalten abhängig sind, wie Seeleute und Flieger, oft auch ein wenig abergläubisch sind. Hals- und Beinbruch heißt es in der Fliegersprache; gemeint ist jedoch ein störungsfreier Flug mit sicherer Rückkehr. Bei den Seeleuten gibt es mehrere Formen von Aberglauben. Zum Beispiel ist das Pfeifen an Bord von Seglern tabu. Mancher wurde deswegen hart »angepfiffen«. An Bord pfeife nur der Bootsmann und der Wind, hieß es oft. Die Zahl 13 spielt besonders in Verbindung mit dem Wochentag Freitag eine gewisse Rolle. Ungern wird an solchen Tagen eine größere Reise angetreten. Auch wenn in einem Hafen die Katzen oder Ratten von Bord liefen, versprach man sich nichts Gutes. Am Anfang der Reise wollte man uns Jungen einreden, daß man am Mast kratzen müsse, um mit gutem Wind rechnen zu können. Wenn sich an Bord eines Schiffes gelegentlich Vertreter der Kirchen in ihrer unverkennbaren Tracht befanden, war man nicht allzusehr begeistert. Ähnliche Vorurteile hatte man einem neu an Bord gekommenen Ersatzmann gegenüber, wenn er das Pech hatte, daß nach dem Auslaufen viel Unwetter eintrat. Er wurde zum Jonas erklärt, dem das Schlechtwetter anhaftet. Wenn Windstillen die Fahrt behinderten, versuchte mancher Kapitän den Wettergott durch bescheidene Opfer zu »bestechen«, um ja eine schnelle und gute Fahrt machen zu können. Auf einer späteren Reise konnte ich in einer Krisensituation, als es nach einer Havarie schlecht um uns stand, erleben, wie unser Kapitän sehr wertvolle Instrumente wie Sextanten, Ferngläser und Ersatzkompasse über Bord warf. Warum tat er dies? War er wirklich so abergläubisch? Hier konnte es sich doch nur um andere Beweggründe handeln. Da bei einer Havarie alle Schäden durch die Versicherung ersetzt wurden, ging es ihm also nur darum, einen möglichst hohen Schadenersatz zu erwirken. Doch das hatte nun nichts mehr mit dem Aberglauben zu tun, sondern nur mit der Gier nach dem Geld.

Am 5. Dezember überquerten wir zum vierten Mal den Äquator. Von unserem letzten Hafen bis zu dieser Position hatte unser Schiff 90 Tage benötigt. Im windschwachen Gebiet der Mallungen ging es nur langsam nordwärts. Zum Glück war der Kalmengürtel nicht breit, und bald setzte der Nordostpassat ein. Bei herrlichstem Wetter wurden zum letzten Mal die Segel ausgewechselt, sie sollten uns auch bei stürmischem Wetter wohlbehalten in die Heimat bringen.

Während dieser Arbeiten sichteten wir den englischen Dampfer Berkutt ganz in unserer Nähe. Der Zweite Offizier ließ sofort das Unterscheidungssignal und die Landesflagge setzen, in der Erwartung, daß der Dampfer über Funk unseren Standort nach Europa durchgeben würde. Für den Empfänger der Ladung ergaben sich im Börsengeschäft einige Vorteile, wenn eine Meldung über die Position des erwarteten Schiffes vorlag. Auch die Familien der Besatzungen erhielten auf diese Weise ein Lebenszeichen von den Angehörigen auf See. Die Windjammer der damaligen Zeit hatten in den wenigsten Fällen eine Funkanlage an Bord. Auf dem langen Törn vom Kap der Guten Hoffnung bis kurz vor Australien und im Stillen Ozean hatten wir keine Positionsmeldungen abgeben können. In diesen Seeräumen traf man selten auf einen Dampfer.

Bestimmungshafen Rotterdam

Bis zum 24. Dezember ging es zügig nordwärts. Wieder einmal während dieser langen Reise mußten wir das Weihnachtsfest fern der Heimat auf hoher See verbringen. Zum Fest gab es einen gut zubereiteten Braten und die üblichen weihnachtlichen Naschereien. Die größte Festtagsfreude war jedoch die Aussicht auf die baldige Heimkehr.

Nachdem wir bei meist störungsfreiem Wetter ständig unseren Heimatkurs halten konnten, kamen am 30. Dezember die Azoren in Sicht. Dicht unter Land angekommen, erhielt der Kapitän durch Flaggensignal die folgende Order: »Bestimmungshafen Rotterdam.«

Bei guten Sichtverhältnissen kann auf der Grundlage des Internationalen Signalbuches und des Internationalen Flaggenstells eine Verständigung zwischen zwei oder mehreren Partnern herbeigeführt werden, besonders dann, wenn sprachliche Unterschiede zwischen ihnen bestehen, oder wenn keine Funkverbindung möglich ist, wie es auf unserer LANDKIRCHEN der Fall war. Für die Verständigung mit Hilfe der internationalen Flaggensignale gibt es für jede Flagge oder für Flaggengruppen bestimmte Texte. Beispiel: Auf einem Schiff mitten auf dem Ozean wehen die Flaggen »NC« untereinander. Im Internationalen Signalbuch findet man für dieses Flaggensignal den Text »Ich bin in Seenot und benötige sofortige Hilfe.« Oder: Auf einem Schiff im Hafen weht die Flagge »P«, dann heißt das nach dem Internationalen Signalbuch, daß das Schiff kurz vor der Ausreise steht.

Vom Kapitän bis zum Moses wußte nun bald jeder, wohin die weitere Reise gehen sollte. Während der nächsten vier Tage machten wir bei mäßiger Fahrt gute Fortschritte auf unserem Kurs. Der Jahreswechsel wurde unter günstigen Wetterbedingungen mit Extraverpflegung, Punsch und einer Pfeife Tabak gefeiert. Die Gedanken der Besatzungsmitglieder eilten unserem Segler bereits weit voraus. Alle Männer der LANDKIRCHEN hegten die Hoffnung, mit diesem Schiff nunmehr den letzten Feiertag auf See verlebt zu haben. Jeder freute sich darauf, in absehbarer Zeit wieder daheim zu sein, in einem weichen und warmen Bett ungestört schlafen zu können und von den Angehörigen verwöhnt zu werden.

Um die Mannschaft bei guter Laune zu halten, sagte der Kapitän eines Tages lautstark in bester Stimmung: »In 14 Tagen sind wir da«. Mit Galgenhumor und unverkennbarem Hohn wiederholte der alte Segelmacher beim abendlichen Auf- und Abgehen vor dem Hochdeck, wo sich der Alte meist aufhielt, recht laut und deutlich den gleichen Satz. Der Kapitän reagierte jedoch nicht auf diese harmlose Provokation.

Mit einem Biskaya-Sturm, der uns Hören und Sehen vergehen ließ, zeigte sich der winterliche Atlantik noch einmal von seiner schlechtesten Seite. Nur die Sturmsegel konnten stehenbleiben, um beigedreht den Orkan zu überstehen. Gegen 15.00 Uhr ließ der Sturm etwas nach, so daß der Kurs auf den Ärmelkanal wieder aufgenommen werden konnte. Das dauerte jedoch nicht lange, denn am nächsten Tag ging nochmals ein wahrer Höllentanz los. Gegen 11.00 Uhr war die Schiffsleitung gezwungen, den Segler unter Sturmsegeln erneut mit dem Bug in die See zu legen, um eine Wetterbesserung abzuwarten. Zum Unbehagen aller standen die Wohnräume wieder fußhoch unter Wasser, und wir verfluchten diesen harten Stopper kurz vor dem Ziel sehr. Drei Tage lang wurde unser Vollschiff nach allen Regeln der Kunst durchgeschüttelt und überspült. Zeitweilige Elmsfeuer in den Toppen deuteten auf außergewöhnliche atmosphärische Störungen.

Schließlich ließ der Nordweststurm langsam nach, und es ging mit zügiger Fahrt bei guter Sicht Kap Lizard – der südwestlichsten Ecke Englands – entgegen. Trotz des Unwetters war die ganze Besatzung in guter Verfassung, man kam doch mit jeder Stunde dem Endziel um 12 Seemeilen näher. Am Abend des ersten Sturmtages war es schon recht kalt geworden. Daher setzten wir – trotz Verbot – unseren kleinen Ofen in Brand, um im Logis etwas Wärme und Trockenheit zu bekommen. Der wachhabende Zweite Offizier duldete dies. Als nun gegen 02.00 Uhr nachts der Kapitän für kurze Zeit an

Deck kam, um nach dem Rechten zu sehen, verdeckte der Zweite schnell das Ende des Ofenrohres mit einem Lappen, damit der Kapitän den Rauch nicht bemerkte. Abgelenkt durch wichtige dienstliche Obliegenheiten, vergaß der Zweite es leider, das Ofenrohr wieder frei zu machen. Um 04.00 Uhr in der Frühe mußten wir wie üblich zum Wachwechsel an Deck. Als man uns wecken wollte, reagierten nur drei Mann auf den Weckruf, der Rest unserer Wache war bewußtlos, natürlich gehörte auch ich zu den bewußtlosen Unglücksraben. Man schleppte uns eiligst unter die Back wo es trocken und luftig war. Nach zwei bis drei Stunden hatten wir uns von der Rauchvergiftung erholt, und wir waren in der Lage, den Wachdienst wieder aufzunehmen. Aber so geht es im Leben manchmal zu, fast 18 Monate hatten wir Glück in vielen lebensgefährlichen Situationen gehabt. Nun, kurz vor dem Endziel unserer Reise wären wir durch dieses tragikomische Ereignis fast ums Leben gekommen.

Tagebuch-Eintragung vom 10. Januar

»Morgens wurde das Blinkfeuer von Lizard recht voraus gemeldet. Laufen nun mit Kursänderung nach Steuerbord unter Sturmsegel mit guter Fahrt weiter in den Ärmelkanal. Im Laufe der folgenden Nacht kam das Feuer von Eddystone in Sicht.«

Soweit war alles klar gegangen, auch diese letzte schwierige Hürde im stürmischen Nordatlantik wurde genommen. Bei dem vorherrschenden Westwetter konnte weiterhin mit einem guten und schnellen Verlauf der Reise gerechnet werden.

Für einen Menschen, der mehr oder weniger im ruhigen Gleichmaß sein Leben an Land verbringt, sind die nervlichen Beanspruchungen während einer Landansteuerung bei Sturm und schlechter Sicht schwer zu verstehen. Eine genaue Schiffsortbestimmung ist vor der Annäherung an eine Küste nur selten möglich, denn der häufig mit Schlechtwetterwolken bedeckte Himmel verhindert astronomische Beobachtungen zur Bestimmung des Standortes. Das Schiff wird mit brutaler

Gewalt einfach ins Ungewisse getrieben. Alles hängt davon ab, ob man rechtzeitig irgendwelche Landmarken erkennt, um sofort einen gefahrlosen Kurs steuern zu können. Bis zum Erreichen dieses Stadiums waren Kapitän und Besatzung ständig einer unvorstellbaren Spannung ausgesetzt. Manche Schiffsleitung hat den gefährlichen Küstenbereich zu spät erkannt und ist mitsamt der Mannschaft bei Strandungen ums Leben gekommen. Landmarken und Leuchtfeuer können auf großen und langen Überseereisen sehr nützlich sein. Besonders im Bereich wenig bebauter und öder Küstengebiete sind markante Landmarken ein gutes Hilfsmittel für die Standortbestimmung. In unserem Fall hatten wir Tausende von Seemeilen auf freier See hinter uns, als wir den englischen Kanal mit starkem Rückenwind ansteuerten. Es war einem günstigen Zufall zu verdanken, daß wir morgens in der Dunkelheit das starke weitreichende Leuchtfeuer von Kap Lizard voraus in Sicht bekamen. Durch die rechtzeitige Kursänderung nach Steuerbord konnte unser Segler frei von allen Untiefen in den Kanal einlaufen. Heute im Zeitalter des Radars und anderer moderner Funkortungsmittel ist die Navigation erheblich einfacher und sicherer geworden.

Auf dem letzten Abschnitt unseres langen Seeweges blieb das für uns günstige Wetter mit frischen westlichen Winden erhalten. Mit vollen Marssegeln liefen wir bei klarem Wetter mit guter Fahrt und günstigem Gezeitenstrom durch den Kanal. Für die Decksleute war die Freude dann besonders groß, wenn unser Vollschiff einen kleineren Dampfer überholte. Denn bei dem starken und günstigen Wind machte unser Segler eine Fahrtgeschwindigkeit von rund 12 Seemeilen pro Stunde. Mittags konnten wir bei strahlendem Sonnenschein die weit leuchtenden Kreidefelsen von Dover passieren.

Der ständige und frische achterliche Wind hatte uns nicht verlassen, und so ging unsere Weltumsegelung in der Nacht zum 12. Januar beim Maas-Feuerschiff dem Ende entgegen. Südlich der Doggerbank machten uns in der letzten Nacht die vielen Positionslichter der Fischer zu schaffen. Im Zickzackkurs passierten wir diese belebten Fischgründe, ohne die Kutter zu belästigen oder deren Netze zu beschädigen. Nachdem wir mehrere Stunden vor der Maasmündung gekreuzt hatten, kam in der Dämmerung des nächsten Morgens der Lotse an Bord. Vorsorglich hatte er für uns gleich einen Schlepper bestellt. In dem engen Fahrwasser nach Rotterdam wäre ein großer Segler ohne Schlepperhilfe ein Verkehrshindernis gewesen.

Mit viel Humor und Schwung wurden sämtliche Segel – für die nach uns kommende neue Besatzung – zum letzten Mal und mit besonderer Gründlichkeit festgemacht. Währenddessen ging es im Schlepp mit langsamer Fahrt flußaufwärts bis in den Maashafen von Rotterdam.

Gegen 12.00 Uhr mittags war es soweit, unsere alte LANDKIRCHEN wurde nach langer Reise, nach schönen und nach schweren Stunden im Zielhafen sicher vertäut.

Alle Mann an Bord befanden sich in einer einzigartigen Hochstimmung, wie sie nur auf einem heimkehrenden Seeschiff anzutreffen ist. Die Erinnerung an kritische Stunden geriet dabei vollkommen in Vergessenheit.

Für die meisten Männer der Besatzung war nun der Dienst so gut wie beendet. Alle hatten bei jedem Wetter unverdrossen ihre Pflicht erfüllt und somit zum guten Gelingen dieser erlebnisreichen Weltumsegelung beigetragen.

Während wir Decksleute noch die letzten Leinen zum Festmachen des Schiffes ausbrachten, gab es für mich eine besondere Überraschung. Ich traute meinen Augen nicht, als ich vom Bootsmann von der Arbeit abgerufen und einem Mann in Kapitänsuniform gegenübergestellt wurde. Beim Näherkommen gab es keinen Zweifel, es war mein verehrter Onkel Georg, der zur ersten herzlichen Begrüßung zu uns an Bord kam. Erst vor wenigen Stunden hatte er seinen Dampfer MOREA in den Hafen von Rotterdam gebracht. Durch ein Gespräch mit dem Lotsen erfuhr er, daß man auf der Maas das deutsche Vollschiff LANDKIRCHEN erwartete. Zu jener Zeit war eine solche Schiffsankunft nach langer Reise für alle Fahrensleute ein besonderes Ereignis.

Mein Onkel kam mit seinem Schiff von einer Mittelmeer-

Reise zurück. Auch er war vor wenigen Tagen in das schwere Unwetter vor dem Ärmelkanal geraten. Im Gegensatz zum Segler hatte der kleine Dampfer jedoch schwere Schäden erlitten. In Erwartung einiger schöner Tage in der Heimat trennten wir uns.

Traditionsgemäß gehörte es zur guten Moral und Disziplin einer Mannschaft, einen Segler vor dem Vonbordgehen in einen ordnungsgemäßen Zustand zu versetzen. Daher wurden abschließend alle Toppen exakt ausgerichtet und das Deck aufgeklart und gereinigt. Erst danach gab es für die Besatzung keine weiteren Arbeiten mehr.

In freudiger Stimmung packte jeder seine Sachen und Mitbringsel zusammen, um für die Abfahrt zum Bahnhof bereit zu sein. Schon am nächsten Morgen bestiegen wir einen Schnellzug, der uns nach Hamburg brachte. Unterwegs stellte sich heraus, daß unser Durst größer war, als man bei der Eisenbahn vermutet hatte. Auf dieser Fahrt gingen die Getränke im Speisewagen bereits vor der Ankunft in Hamburg zur Neige.

Der Lohn für 500 Tage

Noch am späten Nachmittag des nächsten Tages konnte die Besatzung abgemustert werden. Die schwer verdiente Heuer aber war gering. Sie wurde von allen mit hängenden Ohren in Empfang genommen. Alle waren enttäuscht, mancher voller Zorn. Besonders für uns Schiffsjungen war es ein harter Schlag. Wir erhielten – bei täglich zwölfstündiger Arbeitszeit unter zeitweilig sehr üblen Wetterbedingungen – für 496 Arbeitstage etwa 140 Mark, also rund 28 Pfennig pro Tag ausgezahlt. Es ist sicher nicht uninteressant, den Monatsverdienst nebst Urlaubsanspruch früherer Seeleute mit dem Einkommen und dem Urlaub unserer Fahrensleute zu vergleichen. 1922 erhielt ein Schiffsjunge 20 Mark, heute bekommt der Matrosenlehrling 200 Mark. 1922 betrug der Lohn für einen Matrosen 70 Mark, heute etwa 800 Mark. Ein Schiffsjunge bekam damals fünf Tage Urlaub im Jahr, unserem Matrosenlehrling stehen heute 30 Tage im Jahr zu. Bei uns erhält der Seemann für alle auf See verbrachten Sonn- und Feiertage zusätzliche Freizeit und Verpflegungsgeld von neun Mark pro Tag. Wenn ein Seemann das Kapitäns- oder Steuermannspatent erwerben wollte, so bekam er früher von keiner Stelle eine finanzielle Unterstützung. Das Schulgeld und die Bücher mußte er selbst bezahlen. Die jetzt bei uns Studierenden erhalten ein monatliches Stipendium von rund 300 Mark, abzüglich 50 Mark für Verpflegung und Unterkunft.

Unsere allgemeine Bitterkeit wurde jedoch im jugendlichen Leichtsinn bei einer gemeinsamen Abschiedsfeier auf St. Pauli bald überwunden. Dort ging es voller Lebenshunger hoch her. Otto, unser Münchener Bordkamerad, hatte in übermütiger Freude an diesem Abend fast seine ganze Heuer verjubelt. Am nächsten Morgen wollte er die Heimreise antreten, doch der Reste des Geldes reichte für eine Fahrkarte nicht aus. Ob er wollte oder nicht, er mußte vom Bahnhof aus wieder umkehren. Es blieb ihm nichts weiter übrig, als sich umzusehen, um recht bald auf einem anderen Schiff unterzukommen.

Je nach Eigenart und Neigung verbrachte jeder seine wohlverdiente Freizeit in Hamburg oder in der Heimat, bis die nächste Reise begann. Für mich hatte der Aufenthalt in der Heimat unbedingten Vorrang. Um weitere Ausgaben in Hamburg zu umgehen, trat ich sehr bald die Heimfahrt an. Eines Morgens war es so weit, um 09.00 Uhr ging es mit einem Schnellzug bis Velgast und von dort mit der »Bimmelbahn« weiter nach Prerow. Unterwegs stiegen zwei Jugendfreunde ein, die in Barth einen Beruf erlernten. Nach der Wiedersehensfreude staunten sie über meine, für Darßer Verhältnisse modische Kleidung. Meine damals übliche Sixpence-Mütze hatte es ihnen besonders angetan. Als ich dann noch von der Weltumsegelung etwas erzählte, kannte ihre Begeisterung keine Grenzen.

Der kalte und tief verschneite Darß bot keinen allzu freundlichen Empfang, und der lange Fußweg durch den Wald wollte kein Ende nehmen. Schließlich hatte ich es geschafft. In der Dunkelheit näherte ich mich dem vertrauten Elternhaus. Wie es damals üblich war, saß man im Winter zur Dämmerstunde gern im Dunkeln in der Stube, um Licht zu sparen. Freudig erregt betrat ich das dunkle kleine Zimmer, in dem meine Mutter und mein Großvater beisammen saßen. Mit einem lauten »Guten Abend« trat ich ein. Meine Mutter lief mir entgegen und nahm mich voller Freude in ihre Arme. Nun wußte ich, ich war wieder zu Hause.

Seemännische Fachausdrücke

An Bord setzen	an Bord bringen
Ankerspill	Winde zum Aufholen des Ankers
anheuern, anmustern	durch Lohnvertrag an Bord angestellt werden
aufgeien	Segel zum Festmachen zusammenholen
aufklaren	Deck aufräumen, Aufreißen des Nebels oder der Wolken
Backbord	linke Seite des Schiffes, in Fahrtrichtung gesehen
Back	Vorderteil des Schiffes, Tisch, Essenschüssel
Ballast	wertlose Landung (z. B. Sand oder Wasser) zur Erhaltung der Stabilität eines Schiffes
Bank	Untiefe
Beaufort-Skala	Windstärkenbezeichnung (1–12 Bft), Beaufort französicher Admiral
Bark	Segler mit zwei vollgetakelten Masten und einem Besanmast
Besteck	Schiffsort auf See
Besan	hinteres Segel auf einer Bark
Bilge	unterster Raum im Schiff
Bojen	Seezeichen
brassen	Rahen hart an den Wind holen
Brassen	Taljen und Tauwerk zum brassen
Brassenblöcke	Holzblöcke mit Rollen für die Taljen
Bug	vorderer Teil des Schiffes
Bugspriet	Rundholz, das vorn weit über den Steven hinausreicht
Bullauge	rundes Schiffsfenster
Chronometer	Präzisionsuhr

crew (engl.)	Besatzung
Dalben	Pfahlgruppe zum Vertäuen der Schiffe
Deck	bei Seglern meist hölzerne Oberfläche des Schiffskörpers
Decksluken	große Öffnungen im Deck zum Einbringen der Ladung
Dschunke	chinesisches Wasserfahrzeug
dwars	quer ab
Faden	1 Faden = 6 Fuß = 1,71 Meter
Fallreep	bewegliche Schiffstreppe außenbords
fieren	an einem Tau etwas herablassen bzw. nachlassen
Fock	Vorsegel
Fockmast	Vormast
Foksel	Wohn- und Schlafraum der Mannschaft
Geitaue und Gordings	Tauwerk zum Festmachen der Segel
Großrah	unterste längste Rah vom Großmast
Halsen	Schiff mit dem Wind auf Gegenkurs legen
Handspake	hölzerne Speichen zum Drehen der Ankerwinde
Heck	der hintere Teil des Schiffes
Heuer	Lohn
hieven	heraufziehen
Janmaat oder Jantje	Matrose
Kalfatern	abdichten des hölzernen Decks
Kimm	Horizont oder Trennlinie zwischen Wasser und Luft
Klüverbaum	sich verjüngendes Rundholz am Bug des Schiffes
Knoten	Geschwindigkeit in Seemeilen pro Stunde (1 sm = 1852 m)

Koje	eingebautes festes Bett
Kombüse	Küche
Lee	Seite des Schiffes nach welcher der Wind weht
Luv	Seite des Schiffes von welcher der Wind kommt
lenzen	bei Sturm mit dem Wind laufen, entleeren der Bilgen
Leichter	kleines Wasserfahrzeug für den Transport von Gütern
Liek	Einfassung (Saum) eines Segels
Log	Gerät zur Bestimmung der Schiffsgeschwindigkeit
Löschen	ausladen der Frachtgüter
Mannloch	runde Öffnung in eisernen Tanks
Marssegel	Sturmsegel im unteren Drittel des Mastes
Matrosenlogis	Wohn- und Schlafraum
Pardunen	schräg nach hinten und zur Seite verlaufende Drähte zur Masthalterung
Peilstock	eiserne Stange mit Leine zur Messung des Wasserstandes in den Bilgen
Peilung	Ortsbestimmung durch Anvisieren von bekannten Landmarken
Pier	Anlegestelle in größeren Häfen
Pullen	rudern
Rah	waagerecht am Mast hängende schwenkbare Rundhölzer
Reede	Ankerplatz vor einem Hafen
Reling	Schiffsgeländer
Reeder	Schiffseigner
reffen	Segel verkleinern
Riggen	gesamte Takelage eines Seglers
rollen	Schlingerbewegung des Schiffes um die Längsachse

Schot	Halterung am unteren Teil eines Segels
Schralen	Wind zunehmend von vorn kommend
Spill	Senkrecht stehende Winde zum Aufhieven des Ankers oder einer Rah
Stagen	Stahldrähte zwischen den Masten
Stengen	Auf den Untermast aufgesetzte Mastverlängerungen
Steuerbord	rechte Seite des Schiffes von hinten gesehen
Steven	Versteifungen im Vorder- und Hinterteil eines Schiffes
Takelage	feststehende und bewegliche Drähte und Leinen zur Halterung und Bedienung der Segel
Talje	Flaschenzug, Schiffswinde
Tide	Gezeitenbezeichnung
Topp	Mastspitze
Vollschiff	Segler mit drei vollgetakelten Masten
»Verfang Roar un Utkiek!«	»Löst am Ruder und Ausguck die Männer ab!«
Vorpiek	Raum im unteren Vorschiff
Wanten	Stahldrähte mit Querverbindungen zum Stützen und Besteigen des Mastes
Windjammer	Tiefseesegler
Zenit	Scheitelpunkt des Himmelgewölbes
Zyklon	tropischer Wirbelsturm